INDEPENDÊNCIA FINANCEIRA
AO ALCANCE DAS MÃOS

Este livro é um projeto literário ABEFIN (Associação Brasileira de Educadores Financeiros), com apoio da DSOP Educação Financeira.

Presidente | **Reinaldo Domingos**
Autores | **Ana Rosa Vilches**
Anderson Gonçalves
Cássio Shoji Motomura
Cíntia Senna
Claudia Ramenzoni Izzo
Edward Claudio Jr.
Jusivaldo Almeida dos Santos
Leandro Rodrigues
Marielle Gomes
Mirian Médici Rondina
Editora de texto e projeto editorial | **Renata de Sá**
Diretora de arte | **Christine Baptista**
Revisor artístico | **Edilson Menezes**
Revisor | **Andrei Sant'Anna**

DADOS INTERNACIONAIS DE CATALOGAÇÃO NA PUBLICAÇÃO (CIP)
(CÂMARA BRASILEIRA DO LIVRO, SP, BRASIL)

Independência Financeira ao alcance das mãos: histórias de sucesso que ensinam os caminhos para chegar lá | Organização: Reinaldo Domingos
São Paulo : Editora DSOP, 2018.

Vários autores.
ISBN 978-85-8276-316-2

1. Dinheiro - Administração 2. Educação - Finanças 3. Finanças pessoais 4. Investimentos 5. Orçamento 6. Relatos I. Domingos, Reinaldo

18-16645   CDD-332.02401

ÍNDICES PARA CATÁLOGO SISTEMÁTICO:
1. Independência Financeira : Histórias de sucesso : Economia 332.02401

Maria Paula C. Riyuzo - Bibliotecária - CRB-8/7639

As primeiras vitórias são
aquelas conquistadas
dentro de cada um de nós.

Reinaldo Domingos

REINALDO DOMINGOS

Reinaldo Domingos é PhD em educação financeira com a tese sobre a **Metodologia DSOP**. Além de ser educador e terapeuta financeiro, é autor do long-seller *Terapia financeira* e de diversos livros voltados para os públicos adulto, juvenil e infantil, entre os quais estão duas *Coleções Didáticas de Educação Financeira para o Ensino Básico* do país, adotadas por diversas escolas públicas e privadas. Escreveu também a *Coleção dos Sonhos para Educação Financeira* e o mais novo lançamento da Editora DSOP, o livro *Empreender vitorioso – com sonhos e lucro em primeiro lugar*. Idealizador, fundador e presidente da ABEFIN (Associação Brasileira de Educadores Financeiros), Reinaldo também criou a primeira pós-graduação, mestrado e doutorado em educação financeira (presencial e EAD) do Brasil.
Em seu canal no Youtube, *Dinheiro à Vista*, fala, semanalmente, sobre educação financeira.

A magia que rege a força da natureza encanta os olhos e o coração. Assim como as árvores florescem e dão seus frutos, a educação financeira, com toda sua força, promove a colheita dos sonhos.

Sonhar é poder realizar. Após dez anos de inspiração e muita transpiração, realizo mais um sonho, só que esse com sabor especial e encantador, ao presenciar o desenvolvimento dos semelhantes na prática, com suas diferentes e desafiadoras histórias, que resumem a grandeza de suas conquistas.

A independência financeira é um estado do Ser, é um sonho que nos possibilita fazer verdadeiras escolhas. Estar independente há mais de 20 anos me possibilitou, além de mudar de profissão, levar esses ensinamentos a um maior número de pessoas. Entre elas estão esses missionários da **Metodologia DSOP**, da qual sou o mentor.

Para ecoar os ensinamentos da educação financeira, durante esses anos, as iniciativas foram diversas: entrevistas, artigos, palestras, cursos, terapias e formações acadêmicas nacionais e internacionais. Já ficaria muito feliz com todas essas conquistas, promovidas não só por mim mas, também, pelos profissionais da educação financeira, os quais tive o privilégio de formar.

Ocorre que, para ser alcançado, todo sonho se torna mais verdadeiro quando você pode compartilhá-lo, e foi assim, desde o educador financeiro Edward Claudio Jr., o nosso 001, que a ideia se perpetuou. Nesse momento, materializamos, em conjunto com a Editora DSOP e a ABEFIN (Associação Brasileira de Educadores Financeiros), esta magna obra: *Independência financeira ao alcance das mãos – histórias de sucesso que ensinam a chegar lá.*

Minha felicidade é tamanha que não poderia deixar de agradecer a Deus, acima de tudo, e aos formadores de opinião, por me proporcionarem a realização de mais esse sonho. Também agradeço a todos os leitores desta obra, que serão imensamente agraciados pelos ensinamentos compartilhados. Você não encontrará somente técnicas, planilhas, fórmulas e orientações. A educação financeira vai muito além disso. Dentro de cada história, você encontrará vivências, práticas, experiências e o método que o levarão até a plena consciência financeira.

A obra revela caminhos para você se inspirar e aplicar em sua trajetória de vida. Tenho certeza de que cada história foi verdadeiramente vivida pelos autores, e não necessariamente você seguirá à risca esses ensinamentos. A ideia é você entender que o verdadeiro caminho só pode ser traçado por você, porque ele se encontra e permanecerá em suas mãos; lembrando que a educação financeira é uma ciência humana que busca autonomia financeira, proporciona o equilíbrio entre o SER, o FAZER e o TER e leva à realização de sonhos e propósitos, entre os quais está o da independência financeira.

Para consolidar a atividade de educação financeira, que hoje se faz presente em todo o território nacional e em várias partes do mundo, no início de 2018 foi promulgada a inclusão do tema educação financeira, por meio da Base Nacional Comum Curricular (BNCC), nas salas de aula do ensino básico. Tenho imenso orgulho de participar dessa construção e ainda vê-la gerar outros frutos, como as especializações em quatro áreas: educador financeiro, terapeuta financeiro, educador educacional e educador empresarial. Todos são formados pela DSOP Educação Financeira e chancelados pelo órgão que tive o privilégio de idealizar, a ABEFIN.

Para aguçar ainda mais a sua curiosidade, destaco um ponto crucial que encontrei nas histórias vividas por esses dez autores: eles optaram por diversas rotas em busca dos sonhos. Por outro lado, os variados caminhos resultaram no destino ideal, o da independência financeira. Isso demonstra a congruência da proposta do livro e comprova que pessoas, circunstâncias e realidades diferentes podem fazer você chegar lá, como propõe o subtítulo.

E ainda, para ratificar o compromisso desta obra com a sociedade, a ABEFIN tem o prazer de apresentar aos associados, mantenedores e seus familiares a sua mais nova criação, a ABEFINPREV, que garantirá futuras gerações de pessoas e famílias educadas, saudáveis e sustentáveis financeiramente.

E não vamos parar tão cedo. Aguarde pelos próximos anos. Novos temas serão objetos de pesquisa e apresentação. Nossos profissionais da educação financeira não medirão esforços para legar mais obras e soluções inéditas, pois você e cada integrante de sua família merecem realizar aquilo que a DSOP mais preza: os sonhos.

Boa leitura!

REINALDO DOMINGOS |06
APRESENTAÇÃO

CÁSSIO SHOJI MOTOMURA |12
COMO CONQUISTEI A MINHA
INDEPENDÊNCIA FINANCEIRA

CÍNTIA SENNA |26
O ALICERCE DA INDEPENDÊNCIA
FINANCEIRA É O SONHO

MIRIAN MÉDICI RONDINA |40
O GRANDE ENSINAMENTO QUE ME
FEZ GANHAR O MUNDO

CLAUDIA RAMENZONI IZZO |54
OS CINCO PASSOS PARA A
INDEPENDÊNCIA FINANCEIRA

LEANDRO RODRIGUES |70
DA INADIMPLÊNCIA À
INDEPENDÊNCIA FINANCEIRA

JUSIVALDO ALMEIDA DOS SANTOS |86
DE APORÁ ATÉ A ABEFINPREV: AS
DECISÕES QUE FORMAM UM EDUCADOR
FINANCEIRO E PREVIDENCIÁRIO

MARIELLE GOMES |102
O PODER DA RECIPROCIDADE

EDWARD CLAUDIO JR. |116
INVISTA NA INDEPENDÊNCIA
FINANCEIRA E, EM VEZ DE SERVIÇAL,
SEJA LÍDER DA SUA VIDA

ANDERSON GONÇALVES |132
EXCELÊNCIA FINANCEIRA
NO BOLSO E NA MENTE

ANA ROSA VILCHES |148
A MESADA NA VIDA DA CRIANÇA
GARANTIRÁ A SUSTENTABILIDADE
FINANCEIRA DO ADULTO

"Descobri uma ferramenta de educação financeira, talvez aquela que seja a razão maior da minha e da sua existência: o sonho."

Cássio Shoji Motomura

CÁSSIO SHOJI MOTOMURA

Nasci e cresci na cidade de São Paulo. Filho de imigrantes japoneses, fui criado à luz dos valores tradicionais japoneses: respeito, disciplina, discrição e coletivismo. Educador e terapeuta financeiro formado e pós-graduado pela DSOP Educação Financeira, sou membro da ABEFIN (Associação Brasileira de Educadores Financeiros). Pratico a **Metodologia DSOP** desde a adolescência, quando comecei a trabalhar como estagiário. Aos 19 anos realizei meu primeiro grande sonho, a compra à vista do meu primeiro carro novinho. De lá para cá, realizei muitos outros sonhos e, aos 35 anos, conquistei minha independência financeira. Após trabalhar quase duas décadas na área da tecnologia da informação, decidi me "aposentar" e seguir o meu propósito, retribuindo ao mercado tudo aquilo que ele me ofereceu. Hoje trabalho por prazer ensinando pessoas a também realizarem seus sonhos.

COMO CONQUISTEI A MINHA INDEPENDÊNCIA FINANCEIRA

Comecei a investir na minha independência financeira aos 17 anos e realizei esse sonho aos 35. Se foi fácil ou não, deixarei para que você decida a partir da leitura da minha história. Mas posso lhe garantir: a sensação de saber que você pode trabalhar apenas por prazer, sem depender mais da remuneração mensal, é indescritível. Permita-me compartilhar do seu valioso tempo e contar como foi. Meus mais sinceros desejos de que a minha história inspire a realização dos seus sonhos!

Filho de um pai imigrante japonês e de uma mãe filha de colonos japoneses, nasci na capital paulista. Meu pai era motorista e se encarregava das entregas de uma renomada rede de lojas. O sustento da família era responsabilidade dele e, para isso, trabalhava mais de 12 horas diárias, de segunda-feira a sábado, correndo riscos, inclusive de ser assaltado a cada entrega. À minha mãe cabiam as tarefas de administrar o lar, cuidar dos filhos, torcer para que o marido voltasse em segurança e, eventualmente, complementar o orçamento mensal com serviços de costura. Como se pode imaginar, fui criado à luz dos valores tradicionais japoneses: respeito, disciplina, discrição e coletivismo. Se por um lado isso ajudou, por outro atrapalhou a fase escolar.

Cumpri o Ensino Fundamental em uma escola municipal. Embora fosse pública, era melhor do que muitas particulares da região, e isso acabava atraindo alunos cujos pais até poderiam pagar pelo ensino privado. Meus colegas tinham do bom e do melhor: roupas e tênis de marca, cadernos e mochilas coloridos, guloseimas na lancheira (e, às vezes, dinheiro também), pizza e cinema aos fins de semana, viagens de férias e festas de aniversário. Nunca tive acesso a isso na infância. Comi pizza e tomei refrigerante pela primeira vez aos 13. E comecei a ir ao cinema só aos 15. Não tinha festa de aniversário e experimentei a primeira viagem aos 21. Todas essas diferenças geravam um abismo cultural, e quase sempre, de maneira sutil ou explícita, eu percebia a distância que os colegas de escola estabeleciam de mim. O fato de ser o melhor aluno da sala fazia com que esse abismo fosse menor, porém. Com frequência, me convidavam para fazer os trabalhos escolares – manuscritos, pois naqueles dias não tínhamos internet ou computador –, e confesso que adorava ir à casa dos colegas e usufruir dos comes e bebes.

Educado pelos valores japoneses de respeito e discrição, nunca questionei o padrão de vida inferior ao dos outros. Embora não tivesse noção real da renda de meu pai, imaginava que pudesse ser similar à dos pais de meus colegas, mas não ousava questionar nada. Quando tinha oito anos, comecei a saber a resposta. Uma vez, tarde da noite, enquanto fazia o dever escolar na mesa da cozinha, reparei que meu pai traçava anotações em um caderno cheio de números. Passei a perceber que todas as noites ele se debruçava sobre as anotações ao lado de minha mãe. Conversavam e até mesmo brigavam sobre o que estava anotado. Foi então que conheci duas ferramentas que utilizo até hoje na educação financeira: o apontamento de despesas e o orçamento financeiro mensal. Cada centavo gasto era contabilizado nesse caderno. Eu descobriria, somente mais tarde, o objetivo em favor do qual os meus pais estavam trabalhando tanto.

Aos 11 anos, eles fizeram algo que todos os pais deveriam fazer pelos filhos: aplicaram uma pequena quantia em uma caderneta de poupança. Eu nunca recebi mesada e, quando meus tios me presenteavam com dinheiro, dava para minha mãe. Sendo assim, nem dei bola para essa poupança, em que, por sinal, não havia nenhum tipo de aporte mensal, ou seja, o único valor que havia nela, inicialmente, era o que eles depositaram ao abrirem a conta.

Reside aqui, porém, o incentivo para que continue lendo a história da minha vida, caro leitor. No fim dela, você saberá o que representou essa primeira poupança. Descobri, enfim, em que os meus pais estavam trabalhando. Enquanto assistia ao telejornal, vi o anúncio do confisco da poupança por parte do governo, em uma tentativa desesperada de frear a galopante inflação, que passava de 100% ao mês. Quem nasceu depois de 1994 teve a sorte de não ver e viver tudo isso. Imagine uma época em que o salário do mês não valia quase nada no seguinte. E, de uma hora para outra, todo o patrimônio financeiro estava bloqueado pelo governo. Empresas quebraram, comércios fecharam as portas e algumas pessoas, em desespero, tiraram a própria vida. Vários pais tiveram de retirar os filhos das escolas particulares e poucos felizardos conseguiram vaga nas públicas. Além daqueles que já estudavam comigo, outros filhos que tinham condições de estudar em uma escola particular passaram a frequentar o ensino público. No olho do furacão, em meio ao caos econômico, meus pais tiveram a oportunidade que esperavam havia 13 anos: quitar a nossa casa.

No plano Collor, uma brecha permitia o saque da poupança confiscada para a compra ou a quitação da casa própria. Eles não pensaram duas vezes e quitaram o imóvel. Nesse momento crucial, entendi o motivo pelo qual tínhamos um padrão de vida inferior ao dos meus colegas, cujos pais pagavam aluguel e faziam questão de manter as aparências. Passei a valorizar os lanches que minha mãe fazia, as refeições saudáveis que preparava em casa, os livros e cadernos que comprava para que eu pudesse estudar e, agora, a casa que tínhamos todo o orgulho de chamar de nossa. Foi quando descobri uma ferramenta de educação financeira, talvez aquela que seja a razão maior da minha e da sua existência: o sonho.

Aprendi também que todo sonho carrega um preço. No mesmo ano, meus pais cancelaram o transporte escolar e comecei a ir sozinho, de ônibus, para a escola. Acordava mais cedo para entrar no ônibus lotado. Embora fosse um transporte menos conveniente, curti a ideia de independência e me senti orgulhoso por ir a qualquer lugar da cidade sozinho. Meu pai tinha uma Brasília azul muito velha, de quase 20 anos, com um motor barulhento, e quase não cabíamos lá dentro. Foi aos 13 anos que defini o meu primeiro sonho: ter meu próprio carro.

Meus pais estavam sempre pensando no futuro; um dos grandes objetivos era ter dinheiro para a aposentadoria, e um carro não estava nos planos deles. Por isso, eu sabia, desde o começo, que o dinheiro deveria vir exclusivamente de mim. A proximidade do Ensino Médio me fez pesquisar onde estudaria, já estando ciente de que seria uma escola pública. Outra opção consistia em uma escola técnica profissionalizante, que, além de passar parte do conteúdo necessário para o vestibular, ensinava uma profissão. Algumas, praticamente, garantiam o estágio remunerado ao fim do curso. Mas havia um problema: passar no processo de seleção dessas escolas sabendo apenas 30% do conteúdo necessário, pois era isso que era fornecido pela minha escola.

O sonho do carro me motivou a estudar fora da escola, em uma biblioteca municipal, único lugar onde teria acesso aos 70% restantes do conteúdo necessário para ser aprovado (lembrando que, no Brasil daquele ano de 1993, não existia internet e não tínhamos computador em casa). Como ainda precisava fazer os deveres e os trabalhos do fundamental, só conseguia ir à biblioteca aos sábados. E passava o dia inteiro lá, praticamente dormindo sobre os livros, sem entender quase nada do que estudava, já que não tinha um professor para me ajudar. Enquanto isso, os colegas de escola estavam fazendo cursos preparatórios – diga-se, caros – para disputar o mesmo exame. Ser o melhor aluno de uma escola pública contava pouco em um processo de seleção com 30 candidatos por vaga, mas eu carregava algo que os concorrentes não tinham: meu sonho. E sem que os meus pais precisassem gastar um centavo a mais, fui o único aluno vindo de uma escola municipal aprovado, naquele ano, no curso de eletrônica do Liceu de Artes e Ofícios e no de processamento de dados da Escola Técnica Federal. Optei pela última.

Os valores foram essenciais para ser aprovado no ensino técnico público: o respeito aos meus pais, ao dinheiro, ao sonho da aposentadoria deles e à disciplina, que me motivava a acordar cedo em pleno sábado para mergulhar nos livros e compensar o deficit de conteúdo de uma escola pública. O meu sonho estava vivo e, ao mesmo tempo, distante, pois agora teria quatro anos para conseguir um estágio remunerado.

No Ensino Médio, em vez de ser o melhor aluno, minha performance era de mediana a boa. Ficava bem atrás dos colegas que tinham cursado o Ensino Fundamental em escolas particulares. Passei em várias matérias com a nota mínima, mas nunca precisei refazer um ano ou uma matéria em toda a fase escolar. A maioria dos colegas tinha um padrão de vida melhor que o meu e não morávamos na mesma região da cidade; por isso, todos os trabalhos eram feitos na biblioteca da Federal.

Desde o Ensino Fundamental, por ter a questão disciplinar apurada, desenvolvi facilidade com a matemática e a lógica. E, dada a introspecção, na outra ponta encontrei dificuldade com a comunicação. Havia melhorado a leitura e a escrita, porém a comunicação verbal deixava a desejar. No terceiro ano, comecei a participar dos processos de seleção. Era aprovado nos exames teóricos e reprovado nas entrevistas. Até que surgiu uma oportunidade para 30 estagiários, na área de tecnologia, em uma grande instituição financeira de varejo. Ali estava a oportunidade que eu esperava para realizar meu sonho.

Como previa, fiz a prova tranquilamente, sem dificuldades. Sabia que o desafio real ainda estava por vir. Convidado a participar de uma dinâmica de grupo, dei graças a Deus por não ser outra entrevista, porém nunca fizera uma dinâmica de grupo e não imaginava o que esperar. Para o meu alívio, foi uma experiência parecida com um trabalho em grupo, e já havia feito vários deles na escola. Aprovado e feliz, comecei a trabalhar.

Ao começar no estágio, me deparei com uma situação nova: após quatro anos, finalmente ganharia o próprio dinheiro e poderia realizar o sonho do carro. Estava preparado para essa situação e utilizava os rendimentos mensais da seguinte forma: gastava 20% em despesas essenciais, basicamente em escola e vestuário, e investia o restante em uma conta de investimentos que abri aos 17 anos. Os colegas de trabalho não estavam preparados para essa situação e não souberam lidar com isso. Gastavam todos os rendimentos na primeira semana em lazer, roupas e eletrônicos. Assim como na escola, me senti excluído por causa do padrão de vida inferior, principalmente no que dizia respeito ao papo do cinema e da balada do fim de semana. Mas continuava a investir na realização do meu sonho. A cada viagem de metrô que deixava de fazer, a cada lanche que deixava de comer, a cada roupa que deixava de comprar, a cada cinema ao qual deixava de ir, sentia que me aproximava do sonho, e isso me motivava a manter esses hábitos mais prudentes.

Dois anos depois, com muito foco, suor e disciplina, entrei na concessionária. Com o olhar atencioso e os passos firmes de quem vai realizar um grande sonho, deixei sobre a mesa do vendedor o cheque de maior valor que já preenchera em minha vida: R$ 16.600,00 (desconto de R$ 400,00) para comprar um carro zero, motor 1.6, à vista. Enfim, o sonho estava realizado. Quando estava na escola, minhas notas serviam para a socialização com os colegas; nessa nova fase, o carro tinha esse papel. Eu oferecia carona aos que não queriam andar de transporte público, tampouco tinham dinheiro para o táxi.

Com a chegada do ano de 1998, de carro novo e vida nova, outra vez estava diante de um desafio que mais parecia *déjà vu*: cursar uma faculdade. Como já tinha estudado a vida inteira em instituições públicas, me pareceu bem óbvia uma formação também em uma faculdade gratuita. E lá fui eu estudar "por fora" a fim de compensar a defasagem de conteúdo da escola técnica. Tinha um propósito: ser aprovado entre os 30 primeiros no vestibular da Faculdade de Tecnologia. Outra vez, consegui...

Obtive um bom emprego, cargo e salário. Além disso, garanti o ingresso em uma faculdade pública e tinha carro próprio na garagem. No mesmo ano, o magazine em que o meu pai trabalhava quebrou. Consequentemente, ele teve de procurar trabalho para manter a renda e o padrão de vida familiar, pois, com a quitação da casa, o casal acalentava um sonho maior: a independência financeira.

A sensação de autonomia no transporte foi tão boa que teve até a ver com outro sonho: viajar sozinho. Fiz a primeira viagem aos 21 anos e a paguei 100% à vista. Eu, que nunca tinha saído de São Paulo – muito menos sem os pais –, viajei de avião pela primeira vez para um país que não falava nossa língua. Fiquei 30 dias no Reino Unido, com escalas na França e na Holanda, morando em casa de família. Estudei inglês dentro e fora da escola. Nem precisei investir toda a reserva financeira nessa viagem. Usei recursos de renda fixa e mantive o patrimônio intacto, inclusive a poupança que recebera aos 11 anos e que usaria para o próximo sonho: buscar a independência financeira, assim como os meus pais buscavam a deles.

Com o crescimento do patrimônio financeiro e também dos rendimentos mensais, passei a procurar, além da renda fixa, outras opções de investimentos. Comecei a investir em ativos de renda variável e em ativos alocados fora da instituição bancária, como o Tesouro. Assumi a gestão dos próprios investimentos e da declaração de Imposto de Renda. Assim, via o patrimônio crescer a cada ano.

Em 2006, após 30 anos de contribuição, meu pai decidiu solicitar a aposentadoria ao INSS. Como tinha mais de 65 anos, o fator determinante foi a idade. Sem que soubesse, estava finalmente realizando o sonho da independência financeira. O valor que recebe hoje de juros das aplicações financeiras, além de cobrir as despesas mensais, garante o crescimento constante do patrimônio financeiro. E hoje ele ainda trabalha (por prazer, não mais por necessidade). Porém, a independência financeira deu-se por um preço alto, que foi a renúncia de momentos com a família e de lazer a de experiências únicas como as conquistas pessoais dos filhos; enfim, ele abriu mão de viver o presente para garantir o futuro.

Isso me fez refletir se valia abrir mão de tudo em nome da independência financeira. Até a aposentadoria dos meus pais, eu estava seguindo o mesmo padrão: gastar somente com o necessário e guardar o resto para a aposentadoria. Ao me deparar com essa situação, percebi que estava levando uma vida desequilibrada, poupando dinheiro de forma exagerada e esquecendo de viver o presente.

Foi aí que percebi: eu estava financeiramente educado. Passei a viver menos para os números e mais para mim, para as pessoas. Voltei a estudar, viajar, sair e ter experiências novas. Portas se abriram, e passei a conhecer pessoas que ajudaram bastante na minha trajetória.

Em 2013, apareceu a oportunidade de realizar dois sonhos: conhecer o universo Disney e fazer uma nova formação profissional. Estava fora de questão vender o carro ou tirar do patrimônio. Nessa época, trabalhava em uma consultoria de TI, que, além de férias e 13º salário, ainda pagava bônus por desempenho. Ao fazer o planejamento das próximas receitas, percebi que até o fim daquele ano teria dinheiro suficiente para realizar os dois sonhos sem mexer no salário. Em janeiro de 2014, cumpri essa nova formação profissional e, durante as duas semanas de intervalo, curti a Disney. A viagem simbolizou a realização de um sonho maior. Graças a essa nova formação profissional, fiz um planejamento financeiro e percebi que não precisava mais trabalhar por dinheiro. Metade do que eu ganhava de renda passiva cobria as minhas despesas mensais. Voltei de férias e, três meses depois, encerrei uma carreira de 18 anos na área de TI. Aos 35 anos, graças a 18 anos de investimentos, incluindo aquela poupança que os meus pais fizeram aos 11 anos de idade, conquistei a minha independência financeira.

Hoje, trabalho como educador e terapeuta financeiro. Nessa missão, conduzo pessoas de todo o Brasil ao encontro de uma relação saudável com o dinheiro. Faço encontros presenciais e online com cada cliente, uma hora por semana, durante dois meses. Entre um encontro e outro, monitoro as atividades, envio conteúdo adicional e motivo os clientes a persistirem nos sonhos. A importância desse trabalho pode ser resumida em uma explicação: o adulto é constantemente sabotado por verdades e inseguranças adquiridas durante sua história de vida. Ou seja, todos nós necessitamos de apoio e *feedback* para alcançar os sonhos e os objetivos.

Estou devolvendo à sociedade todo o aprendizado que a vida me ofereceu durante os 18 anos que trabalhei pelo dinheiro. Com a inclusão da educação financeira no ensino básico, penso que, no futuro, teremos uma geração educada financeiramente, porém precisamos lembrar que, em alguns casos, essa geração é hoje sustentada e influenciada em casa por analfabetos financeiros. É por essas pessoas, os adultos de hoje e os de amanhã, que trabalho por um propósito, algo que considero muito mais importante do que o dinheiro.

A independência financeira permite a você seguir o caminho que desejar e, sem a necessidade do dinheiro, ter um trabalho do qual você realmente goste. O processo dá autonomia para investir tempo em todas as áreas da sua vida de forma equilibrada. Hoje, tenho tempo e dinheiro para trabalhar, estudar, malhar, socializar, viajar, ficar com a família; enfim, fazer o que, quanto, como e quando quiser. Diferentemente dos meus pais, não precisei pagar um alto preço pela independência financeira. Pelo menos durante dez dos 18 anos em que trabalhei, também curti a vida e sou prova viva de que isso é possível. Meu pai começou a investir aos 35 e demorou 33 anos para conquistar a independência. Eu comecei a investir aos 17 e, 18 anos adiante, estava independente. Nunca é tarde para começar, mas quanto mais cedo, melhor. O que importa é: seja qual for a sua atual situação financeira, você pode conquistar a independência financeira, desde que a perceba como um agente motivador capaz de impulsionar e realizar todos os seus sonhos.

Parabéns por investir em educação financeira. Espero que a minha história tenha inspirado você para conquistar a independência financeira, assim como eu e os meus pais conquistamos. Se desejar ir além da inspiração dada por este livro, faça contato com a ABEFIN (Associação Brasileira de Educadores Financeiros) e solicite a indicação de um profissional que atue em sua região para atender você, a sua família, a comunidade em que você vive, a empresa em que você trabalha, a escola onde seu filho estuda... Enfim, todas essas pessoas que também merecem realizar sonhos e conquistar a independência financeira.

> "Se o alicerce é o sonho, o esforço é o caminho e a conquista é o resultado."
> *Cíntia Senna*

CÍNTIA SENNA

Nasci e cresci em São Paulo. Filha da dona Maria, uma baiana costureira de mão cheia que me ensinou, desde cedo, a importância de não gastar mais do que se ganha. Atuo como contadora em uma multinacional e, em paralelo, como educadora e terapeuta financeira. Sempre questionadora e observadora do mundo, estou em busca de um grande sonho: o da independência financeira, o qual planejo realizar aos 35 anos. Tenho metas cabíveis e, passo a passo, realizo cada um dos meus objetivos, como o intercâmbio de seis meses no Canadá e o mestrado por uma instituição norte-americana.
Eu me tornarei independente sem necessitar abrir um negócio próprio. Além disso, ajudo a minha mãe a se tornar igualmente sustentável. Estamos quase lá.

O ALICERCE DA INDEPENDÊNCIA FINANCEIRA É O SONHO

Considero-me uma menina-mulher, sonhadora, ávida por realizações. Cíntia Senna foi o nome escolhido pela dona Maria, minha mãe, excelente costureira, que utilizou esse dom para ensinar e cuidar da pessoa que vos escreve. Ela é o meu grande exemplo de ser, nos sentidos de existir e humanizar-se.

Ao fazer parte deste projeto, precisei rever a própria história e olhar para trajetória percorrida. Se cada um parar e analisar essa atitude memorialista, perceberá que alcançou voos maiores do que imaginava, e pode-se dizer que tudo isso foi graças aos sonhos. Isso mesmo, os sonhos nos permitem mudar a realidade, a história e a essência.

O caminho é encarar todos os desafios e sorrir. Mesmo que naquele momento não se tenha noção do que é um sonho. Vou compartilhar com vocês um pouco de como estou construindo a independência financeira e, em paralelo, ajudando minha mãe a construir a dela, para que sirva de exemplo e inspiração a quem também deseja construir a sua e possibilite ainda uma nova realidade a você e a todos que estão à sua volta. Muitas pessoas, creio, podem nem querer ou buscar essa independência, porque acreditam tratar-se de algo impensável, inacessível, ou não têm ideia do que vem a ser isso. Às vezes, só precisamos saber que existe a possibilidade e fazer nossa parte para transformá-la em realidade.

Até 2014, então com 27 anos, eu não pensava em independência financeira, da mesma forma que hoje a conheço e a aplico em minha vida. Na verdade, considerava o conceito e a visão de aposentadoria, basicamente, como o momento em que paramos de trabalhar para viver de um valor graças à contribuição à previdência social ou à privada. A diferença de visão ampliou tudo, e espero que você também possa ampliar a sua.

Intuitivamente, desde pequena, vi na educação o caminho para o aprendizado, o crescimento e as oportunidades de realizar sonhos; além do exemplo da mãe, que ensinou o principal: desejos se realizam a quem poupa antes, reserva e, com isso, não se endivida sem ter como pagar. E, durante os meus primeiros sete anos de vida, éramos a mãe, a filha e a máquina de costuras. Ou seja, o dinheiro deveria ser um aliado; caso contrário, teríamos problemas. Dos sete aos 27 anos, convivemos com o meu padrasto Amarilio, que, com seu jeito simples, ajudou minha mãe a cuidar de mim.

Posso dizer que sempre preservei a sensação de estar no lucro, visto que, desde o primeiro salário, entendi que se nada tinha, financeiramente falando, tudo o que viesse ajudaria no que eu gostaria de realizar. Assim, de lá até hoje, vivo um padrão de vida que atende às minhas necessidades e destino boa parte dos recursos recebíveis para realizar aquilo em que mais acredito e aquilo que me ajuda na vontade de aprender, conhecer e ajudar ao próximo.

Uma das estratégias utilizadas de forma empírica, posso dizer, é que eu destino cada aumento salarial e cada ganho extra, como 13°, um terço de férias e bônus, àquilo que mais quero. Assim, venho realizando os mais ousados sonhos, e um deles é a independência financeira.

Convido você, no transcorrer das próximas páginas, a conhecer o tema com maior intimidade. Saí da ideia de aposentadoria para a independência, coloquei um propósito muito maior e, mesmo trabalhando sob o regime CLT, consigo fazer um planejamento para essa realização, mas sem deixar de viver o hoje e realizar outros sonhos, inclusive o que me permitiu fazer parte deste livro.

Até os 14 anos, fiz diversos cursos gratuitos. Na busca por aprendizado, trabalhei em uma padaria do bairro e, na sequência, participei do programa Jovem Aprendiz, trabalhando em uma autarquia, por quase dois anos. Após essa etapa, vivenciei por mais um ano a experiência em uma ONG. Adivinhe para onde ia a maior parte dos recursos advindos desses trabalhos? Para dentro de casa, para os estudos e para outros objetivos, de forma planejada.

Querendo mais, coloquei na cabeça que em 2004 faria uma faculdade, mesmo sem ter referências na família; minha mãe estudou até a quarta série, e meus avós e tios também não tiveram oportunidade de estudo. Assim, fiz alguns cursos livres para conhecer as atividades de certas profissões. Tal qual agia durante o tempo de jovem aprendiz e recepcionista, me mantinha curiosa, me oferecia para ajudar nas áreas, conhecer, aprender e ter ideia do que seguir nos estudos. Fiz alguns vestibulares e, como estudei em escola pública, mesmo me dedicando, sem recurso suficiente para bancar um cursinho, não consegui entrar em nenhuma universidade pública. Mas, com boa nota no ENEM (Exame Nacional do Ensino Médio) e por meio de um programa que dava direito a uma bolsa de 100%, consegui aprovação no curso de ciências contábeis de uma universidade particular. No ano seguinte, comecei a graduação na Universidade São Judas Tadeu. Um sonho.

No segundo ano da faculdade, então com 19 anos, iniciei a experiência no mundo da auditoria de instituição financeira. À época, não tinha noção ou ideia do que essa empresa representava para o mundo contábil. Entrei com sede de conhecimento e participei dos bastidores desse mercado por cerca de cinco anos. Foi uma verdadeira escola de profissão e de vida. Na ocasião, tive a oportunidade de começar a construção da minha reserva para a aposentadoria, por meio de um plano de previdência privada, contribuindo com 5% de minha renda. Era um benefício, e os colaboradores poderiam ou não optar pela adesão. E, por incrível que pareça, muitas pessoas não optaram, mesmo recebendo a contrapartida da empresa do mesmo montante, do aporte. No meu caso, por ser *trainee*, a contrapartida não existia; ainda assim permaneci firme na contribuição.

Em paralelo, realizava outros sonhos, como viajar pela primeira vez de avião à Bahia, conhecer Salvador, montar meu quarto e um miniescritório em casa, sempre poupando, adquirindo tudo de forma planejada, muitas vezes à vista e com desconto ou em parcelas, com recursos já disponíveis. No ano seguinte à finalização da graduação, em 2009, aos 22, adquiri meu primeiro carro à vista, um lindo Palio azul 0 km, de forma planejada, guardando dinheiro ao longo de quatro anos. Trago essa informação para que se observe: mesmo poupando para a aposentadoria, continuei a conquistar e viver outros sonhos com paciência, hábitos financeiramente saudáveis e foco no querer.

Como a mente e o coração não pararam, ousei sonhar mais alto, fazendo jus aos anseios de menina, de jovem: conhecer outro país, outro idioma. Continuei poupando e sonhando, até que em 2009 tirei o passaporte sem nenhuma viagem marcada. O objetivo era utilizá-lo antes de cinco anos, prazo em que o documento venceria. Vivia em feiras, escolas e agências a fim de pesquisar valores, locais e condições. E me coloquei como meta um valor de aproximadamente R$ 25.000,00 para ter e definir o local da experiência. Na época em que ousei dessa maneira, parecia impossível e fora do alcance. Sabe aquele sonho só seu, em que ninguém acredita e até falam "que legal" só para não o desanimar? Era assim, mas eu não ligava. E não me aquietaria enquanto não o realizasse, mesmo que demorasse.

Em 2011, decidi sair da multinacional e, por isso, não pude continuar contribuindo para aquela previdência. Com a saída, logo iniciei em outra empresa, agora uma nacional, sem plano de previdência privada. Como desenvolvera o hábito de endereçar parte dos meus recursos ao objetivo da aposentadoria e já conhecia o mercado financeiro, optei por continuar retendo parte do ganho com mais estratégia, sem me restringir só a auditar as operações financeiras, mas as utilizando para benefício próprio. E passei a poupar para a aposentadoria, usando a modalidade dos títulos públicos, por meio do Tesouro Direto. Faço um adendo: até 2010 poupava na caderneta de poupança e realizava meus sonhos por meio dela, ou seja, meu foco era reter, guardar, sem atenção ao que renderia sob outros pontos de vista.

E assim atuei nessa empresa, poupando parte dos recursos, com foco na aposentadoria por meios próprios e no sonho de intercâmbio.

Em 2012, constatei que o momento de realizar o sonho havia chegado; acumulei o montante necessário e comecei o processo de definir o país, o tempo e, principalmente, "quando seria". Pedi e consegui uma licença não remunerada por cinco meses e complementei com um mês de férias. Aos 26, em março de 2013, me aventurei em um sonho maior, o intercâmbio, enfrentando-o sozinha, em uma nova cultura, com idioma estranho e pessoas totalmente desconhecidas de meu universo, em Toronto, no Canadá. O mais difícil foi ver minha mãe chorando, sem querer que a filha partisse. Faço um adendo aqui; essa foi a minha maior realização e me trouxe uma certeza: eu posso.

Possibilitou-me sonhar mais. Fez-me crescer como "ser" e, principalmente, me provou que não existem barreiras para o querer. Se um dia você puder sair do país, conhecer uma nova realidade, totalmente fora da sua zona de conforto, vá; e você voltará com a mente aberta, mais viva. Uma aventura pelo desconhecido, obviamente, muitas vezes traz questionamentos e percepções que tocam o coração. E foi assim comigo. Senti que precisava de algo mais, que a vida não se resumia a trabalhar, estudar e viajar, e intuí que havia algum sentido maior em estarmos aqui, nesta vida, neste planeta, neste universo. Com a inquietude no coração, me questionava, pensava e buscava descobrir o que completaria essas perguntas e percepções.

A vida não é feita só de sonhos. No fim de 2013, ao voltar de meu maior propósito, diversos pesadelos simultâneos exigiram atenção. A minha saúde se comprometeu, meu padrasto sofreu um derrame e ficou internado, a linda tia Joaquina – meu pacotinho, como carinhosamente a chamava –, uma segunda mãe, faleceu menos de dois meses após o meu regresso. Enquanto isso, na empresa em que trabalhava, voltei da licença não remunerada, recebi proposta de me tornar gerente associada, ou seja, deixaria de ser CLT para ter pró-labore e distribuição de lucros. Pensei e resolvi não aceitar. Comecei a buscar outro trabalho, pensando em um plano B. Passei em um processo seletivo, porém, como minha saúde precisaria de intervenção cirúrgica, fui transparente com essa nova empresa, dizendo que talvez não pudesse ser admitida.

Dois dias antes da cirurgia, meu padrasto Amarilio faleceu, e tive de correr atrás de tudo, porque minha mãe não tinha condições. E fui para a cirurgia sem qualquer certeza, pois nunca tinha passado por isso. Conversei com Deus e pedi: se eu vivesse, que fosse por um propósito maior de vida e que Ele me mostrasse o caminho. Algo que pudesse ajudar as pessoas. Não sabia ao certo ainda o que ou como, mas queria que a minha vida tivesse esse sentido.

Mesmo com todos esses acontecimentos, minhas finanças permaneciam em dia. Durante o tempo em que fiquei fora, banquei todo o intercâmbio com recursos poupados até então, além de mensalmente arcar com as despesas que tinham ficado no Brasil. Ao voltar ao país, continuei com reserva mais que suficiente para me manter por alguns meses, inclusive isso muito me auxiliou nesses momentos imprevistos, como a morte do padrasto e o pagamento de parte da cirurgia.

Retornei do centro cirúrgico com um plano em mente. Se não aparecesse outra atividade e se onde estava não quisessem continuar comigo, usaria parte da reserva para viajar novamente, aprimorar o inglês e não ficar parada. Mas, para minha surpresa, os sinais do universo começaram a aparecer. No fim de 2013, aquela empresa em que fui sincera, antes da cirurgia, me telefonou, indagando se estava tudo bem e se ainda poderia conversar sobre a vaga. Aceitei o desafio e dei início a uma nova jornada, novamente em uma multinacional, na área da controladoria, outro sonho meu.

Na mesma época, um casal me procurou e pediu ajuda nas finanças da empresa que tinha. E lá fui eu ajudar, sem nem saber como. Foi muito interessante presenciar a real situação de uma família e uma empresa que misturam os recursos financeiros até perderem o foco. Ao analisá-la, bem como a resolução da questão que os afligia, foi como respirar uma nova vida. Senti o coração realizado, vibrante, e percebi que encontrara o que preenchia aquelas perguntas, aquele vazio. Porém, ao mesmo tempo, veio uma intuição, a de que eu não deveria usar apenas os próprios conhecimentos e teria de me aprofundar em outros estudos.

Em 2014, iniciei na nova empresa e, em paralelo, matriculei-me em cursos dessa nova atividade que ainda não sabia muito bem o que era, mas da qual gostava. Cursei planejamento financeiro pessoal no INSPER, mas vi que ainda não era bem isso. Pesquisei mais um pouco e, no fim do ano, iniciei a pós-graduação em educação financeira pela Unis; em 2015, me formei como educadora financeira pela DSOP Educação Financeira. E aqui faço outro adendo. Comentei no início do texto que estava poupando para a aposentadoria. Pois bem. Continuei e, somente com a especialização e a formação como educadora, conheci, de fato, o que era a tal independência financeira. Calculei a quantia necessária e quanto tempo levaria para a realização e vi que poderia, sim, tornar-me independente sem esperar o tempo necessário de contribuição para receber a aposentadoria do governo.

Você pode perguntar por que alcançar a independência financeira em menor prazo? E eu respondo: quero alcançá-la o quanto antes para trabalhar por prazer, e não pela necessidade. Isso me possibilitará ter mais tempo e ajudar um número maior de pessoas. Para que se saiba, ter a independência financeira é acumular um montante que renda mensalmente o dobro do padrão de vida e, assim, poder usufruir de metade desse rendimento, mantendo em reserva a outra metade, para que o valor se torne vitalício e garanta a realização de diversos sonhos. Com esse sonho definido, eu o realizarei antes dos 35 anos.

Tive de vencer a timidez, por exemplo, para poder transmitir meu conhecimento às pessoas. Por meio de palestras na sala de casa, cursos, desafios de vídeos pela internet e entrevistas às grandes mídias, fui ficado cada vez menos tímida. Com essa missão de educá-las a ter autonomia financeira, liberei um dom desconhecido até então, o da comunicação.

No fim de 2015, estive em Portugal para estudar uma disciplina do módulo internacional de gestão de negócios. É claro que aproveitei também para passear um bocadinho, de forma planejada e bem realizada, sem endividamento, sem preocupação. Menos de um ano após a viagem, ousei mais e mudei radicalmente minha realidade. Deixei a periferia da cidade, na zona leste de São Paulo, para morar com mais qualidade de vida e fácil acesso ao trabalho e às atividades escolhidas. De forma planejada, com foco nos sonhos, passei a residir no coração da cidade.

E não parei mais. Em 2017, finalizei a especialização e me formei terapeuta financeira pela DSOP. No início de 2018, comecei meu mestrado em educação financeira pela Florida Cristian University. Atuo na controladoria e, em paralelo, desenvolvo ações de educação financeira. Estou vivendo a experiência de construção da independência financeira; além disso, ensino e mostro o tema para a minha mãe, que, apesar de poupadora, de não contrair dívidas além das que poderia pagar, não planejou com tempo e sabedoria a própria aposentadoria. Para não depender exclusivamente do INSS, mostro no dia a dia que ela também pode atingir essa independência, mesmo após os 60 anos. Ou seja, a minha mãe faz parte da gigantesca estatística de pessoas que têm a mesma idade e vivem o mesmo desafio. Afinal, quantas são as pessoas que conseguem o benefício do governo, mas ainda precisam continuar a trabalhar?

Com essa cronológica apresentação, compartilhei a independência financeira como um sonho possível a qualquer idade ou circunstância, independentemente de salário, sistema de trabalho, origem, classe social, estrutura familiar, situação financeira que vive no momento e, principalmente, os imprevistos do caminho. Inclusive, vale trazer à realidade o fato de que a independência financeira não se restringe a um negócio próprio, como a maioria possa pensar. O caminho para essa construção também é factível aos que trabalham sob o regime CLT, e a minha história é mais uma prova disso, pois a questão é muito mais comportamental do que financeira.

Meu foco nunca foi e nunca será o dinheiro, mas, sim, como posso usá-lo para mudar minha realidade, tendo os sonhos como prioridade, colocando o querer em ação, direcionando o olhar para a vida, o trabalho e o dinheiro como meios para alcançar algo maior, como estratégias para o nosso ser.

Certa vez, ouvi de uma pessoa a seguinte frase:

> *"Quando conhecemos algo que era totalmente desconhecido, não temos mais a desculpa de dizer que não sabíamos."*

Hoje, você conheceu o que é independência financeira e constatou que pode começar a construí-la. Também percebeu que não precisa depender de ninguém, a não ser de si mesmo, e que, caso não o faça, não terá a quem culpar ou do que reclamar. Quanto antes você começar a buscá-la, menor será o esforço.

Convido você a começar. No futuro, por essa destemida atitude, você se agradecerá. E acredite: assim como estou firme na jornada de não depender financeiramente da previdência social, da família ou da sorte, você também pode. Lembre-se do título que dei para o artigo e reflita: se o alicerce é o sonho, o esforço é o caminho e a conquista é o resultado.

"Sábio, meu pai me legou a lição das lições; me ensinou a ter mudanças comportamentais desde o primeiro salário em prol dos meus sonhos, conquistas, ideais e segurança financeira."
Mirian Médici Rondina

MIRIAN MÉDICI RONDINA

Sou graduada em economia e pós-graduada em análise de sistemas pela Universidade Mackenzie; fiz cursos de extensão em gerenciamento de projetos e administração de tecnologia da informação pela FGV. Desenvolvi minha trajetória profissional em grandes corporações (Itaú, Citibank, TV Globo, Embraer, Redecard, Senac), tendo nelas adquirido vasta experiência em escritório de projetos, gestão de projetos e planejamento estratégico de TI.

Como educadora e terapeuta financeira habilitada e certificada pela DSOP e membro da ABEFIN, concedo entrevistas para jornais e rádios e publico diversos artigos relacionados à educação financeira no Portal DSOP. Por ter sido educada financeiramente por meus pais desde o primeiro dia em tive em mãos meu primeiro salário, obtive o privilégio de ter autonomia financeira bastante jovem. Com isso, de forma independente e liberta, pude fazer as melhores escolhas e tenho concretizado, desde então, muitos sonhos em minha jornada.

O GRANDE ENSINAMENTO QUE ME FEZ GANHAR O MUNDO

Era o último dia daquele mês frio de julho. Caminhando até o trabalho, meus pensamentos divagavam incessantemente. Não era para menos, estava ansiosa, pois naquele dia iria receber o primeiro salário referente ao meu primeiro emprego em uma agência bancária de bairro, emprego este conquistado assim que completei 18 anos. Os tempos até ali nunca haviam sido fáceis; existiam em minha mente de adolescente uma demanda reprimida e uma lista infinita de desejos materiais a serem realizados o mais rápido possível. Os pensamentos estavam em ebulição, só imaginando por onde começaria a gastar toda aquela quantia, equivalente a menos de um salário mínimo e meio. Nunca havia experimentado ter em mãos uma soma "tão grande" de dinheiro. Estava mesmo em profundo êxtase, contando os passos para entrar na agência onde trabalhava e ir em direção ao caixa eletrônico me certificar de que o valor já estaria depositado, com a intenção de colocar a sede consumista em ação ao término do expediente. No entanto, nem sequer imaginava que esse dia me reservaria algo muito mais precioso do que uma soma de dinheiro na conta corrente. Seria o dia em que receberia o mais simples e sábio aprendizado que impactaria toda a minha vida.

O relógio marcava 10 horas e, com a pontualidade de sempre, as portas envidraçadas da agência bancária se abriram. O céu estava muito azul; a manhã, muito gelada. Os clientes, bem agasalhados, pouco a pouco entravam no ambiente quente e acolhedor, cada um buscando resolver suas questões. Por ter uma função junto ao público, na área de atendimento ao cliente, muitos rostos já haviam se tornado conhecidos naquele primeiro mês de atividade. Seguia normalmente com as funções, até que, para a minha surpresa, um alguém muito familiar surgiu. Ele tomou assento, com um discreto e irresistível sorriso de realização estampado no semblante:

— Pai, o que faz aqui tão cedo? Aconteceu alguma coisa? — perguntei, preocupada.

— Não aconteceu nada, fique tranquila. Vim até aqui para que você abra uma conta poupança.

— Pelo que sei, pai, você é cliente de outra instituição financeira há décadas. Pretende ter uma conta aqui também?

— Não. Eu quero que abra uma conta poupança para si. Aqui está o cheque para que o deposite. Mas você só será merecedora da quantia se também depositar o mesmo valor. Não é hoje o dia do seu pagamento?

Estava emocionada e confusa. Uma inexplicável mistura de espanto e admiração tomou conta de mim. Poucas vezes na vida recebera mesada de meu pai, e logo agora, quando definitivamente não precisaria mais, vinha dele um cheque-surpresa. Quando ainda estava sem entender nada, levei outro susto e meus olhos arregalaram: o valor do cheque representava quase um terço do meu salário líquido! Uauu...

Comovida e confusa ao mesmo tempo, sabendo que esse valor seria, na ocasião, representativo para o orçamento de meus pais, decidi perguntar:

— Pai, por que isso agora? Logo hoje que estou "endinheirada"?

— É por isso mesmo. Quero que você aprenda a separar, a partir de hoje, uma parte dos ganhos "para as suas coisas futuras". Para incentivá-la a começar, a presenteio neste mês. Separe do seu salário a mesma quantia e, hoje mesmo, você terá um montante significativo para começar a poupar. E o principal: não deixe de fazer isso todos os meses, no mesmo dia em que receber o salário. A sua reserva deverá vir em primeiro lugar, antes dos gastos, para que você "conquiste as suas coisas no futuro" – disse ele.

Agradeci e dei-lhe um grande abraço. Confesso que fiquei muito emocionada como ele, sabiamente e com sensibilidade, me conduzira até a estrada da educação financeira. Ele enfrentara o frio da rua só para fazer essa surpresa durante o expediente, com o intuito de me inserir no restrito universo das pessoas que sabem lidar com o dinheiro, e fez isso nas primeiras horas em que eu teria em mãos meu primeiro salário. Quanta sabedoria...

Seguindo a sua orientação, abri uma conta poupança. Sorrindo, depositei meu cheque-surpresa, transferindo idêntica quantia do salário para a mesma conta. E não é que mesmo assim havia sobrado bastante dinheiro para que eu gastasse como quisesse? Afinal, só tinha 18 anos e era meu primeiro salário. Era um dinheirão!

Outros fins de mês vieram e novos salários chegaram. E, em um movimento quase instintivo e automático, me lembrando do ensinamento de meu pai, transferia um terço do meu ganho líquido para a tal conta poupança, que passou a crescer rapidamente.

Entre "as minhas conquistas para o futuro", ou seja, os sonhos, tinha em mente entrar em uma universidade no ano seguinte. Cursar uma faculdade era para poucos até algum tempo atrás, mas sempre esteve nos meus projetos de vida, mesmo sabendo que eu mesma teria de bancá-la. Como sempre estudei em escola pública, ingressar em uma boa faculdade exigiria mais de mim, o que fez eu buscar um cursinho preparatório de reforço para o vestibular de fim de ano. Fiz uma prova e consegui uma bolsa de 50% para o curso "semi do Etapa" à noite. Fiquei muito feliz por ter conquistado essa bolsa, pois poderia encaixar as mensalidades no orçamento mensal, que se dividia em três linhas do salário líquido:

- 30% para a conta poupança;

- 30% para a mensalidade do cursinho;

- 40% para as despesas pessoais do dia a dia.

Sim, eu conseguia viver com cerca de 40% do salário líquido, já que com 18 anos minhas despesas se limitavam a vestuário e lazer, enquanto o foco estava direcionado ao sonho maior.

Após um semestre dedicando noites e fins de semana ao estudo, me vi aprovada no concorrido vestibular do curso de economia da Universidade

Presbiteriana Mackenzie, minha opção número um, e lá vivi os melhores anos de minha vida. Uma universidade tradicional, conceituada e bem frequentada. E o melhor: com um preço muito acessível, fruto de uma aliança entre o Mackenzie e a entidade presbiteriana mantenedora, que subsidiava parte significativa do valor das mensalidades. Era tudo o que eu queria. Estava tudo perfeito.

Outra vez, extremamente feliz com a escolha e a conquista, ao pagar e realizar a primeira matrícula na tão sonhada universidade, entendi claramente as palavras de meu pai: "Reserve todos os meses um valor para as suas conquistas". E eu estava ali, com o dinheiro poupado, realizando uma delas.

Dois anos se passaram e eu continuava firme, trabalhando durante o dia, estudando à noite e disciplinada a cumprir, também na faculdade, a divisão orçamentária de três linhas adotada nos tempos de cursinho. E assim me virava. O gasto com roupas era pequeno, já que muitas delas eram confeccionadas com muito carinho por minha querida mãe, que tinha o hobby e o dom de costurar. Muitos dos livros de que precisava para a faculdade eram emprestados ou adquiridos em sebos, o que me garantia uma boa economia. E, da mesma maneira, as outras despesas pessoais eram avaliadas para que eu pudesse viver dentro do meu padrão de vida, sem dar um passo maior que a perna, sabendo sempre aonde ia cada centavo do meu dinheiro.

E foi nessa época que, de novo, materializei um sonho maior: meu primeiro carro. As economias haviam crescido muito, pois a força dos juros compostos é imbatível ao longo do tempo. Cada centavo poupado passou a trabalhar para mim 24 horas por dia. E lá fui eu, de habilitação novinha, negociar, à vista e com um bom desconto, um carrinho usado para "surrar" pelas ruas de São Paulo. Mais uma vez, sentia muito orgulho de mim (meus pais, mais ainda) por ter, aos 20 anos e sem dívidas, conquistado meu primeiro patrimônio.

Com os dias felizes na faculdade escolhida, a vida de estudante se mostrava muito divertida, gratificante e cheia de amigos valorosos que "pensavam fora da caixa". A caminho do terceiro ano, percebi que já era hora de mudar de vida e buscar um novo emprego ou estágio que me remunerasse melhor. Afinal, como estudante sonhadora que já tinha experimentado o poder realizador dos sonhos, alçaria novas conquistas. Comecei, então, com toda vontade do meu ser, a enviar currículos e a avaliar propostas, até que fui chamada para o processo seletivo de estágio em uma cobiçada instituição financeira norte-americana. Após quatro entrevistas, fui contratada. A experiência no ramo bancário, combinada com a conceituada formação acadêmica em curso, contribuíram para a conquista da vaga. E o melhor: o salário, mesmo como estagiária, seria em torno de inacreditáveis cinco salários mínimos. *Yes!* Estava começando a colher os frutos de todo o empenho. Comemorei muito.

Sem medo de ser feliz, pedi demissão do estável emprego e agradeci muito pela oportunidade daquele trabalho em que eu aprendera e conquistara alguns dos meus importantes sonhos. Boa parte do dinheiro da rescisão teve como destino a conta poupança dos sonhos; quanto ao restante, me presenteei com uma pequena viagem para Florianópolis. Afinal, tinha muito a comemorar.

Comecei a trabalhar como estagiária no banco norte-americano e rapidamente fui percebendo que um novo horizonte de vida estava prestes a emergir. No luxuoso prédio na Avenida Paulista, convivia diariamente com pessoas muito cultas, inteligentes, viajadas e de bom perfume. Muitas reuniões eram realizadas em inglês, minha estação de trabalho tinha equipamentos tecnológicos de última geração e, para completar, um bom salário me esperava. Era tudo para lá de bom. Diariamente, me via submersa em uma cultura como a dos países desenvolvidos, envolta de uma atmosfera de muita seriedade e organização. Apesar dos desafios diários, a motivação para trabalhar era grande. Como estagiária, acumulava bastante autonomia e responsabilidades, e não demorou muito para eu realizar a primeira viagem de avião a serviço. Um sonho secreto até então não realizado. Afinal, só tinha 21 anos e, diferentemente de hoje em dia, voar ainda era privilégio de pessoas abastadas financeiramente ou restrito a executivos e profissionais de alta performance.

— Eis a sua passagem para o Rio de Janeiro, a diária e o *voucher* do hotel em Ipanema — disse a secretária do departamento. — Você não tem medo de viajar de avião, né? — perguntou, sorridente.

— Só saberei amanhã, quando estiver a bordo — respondi com certa apreensão.

A primeira viagem de avião a gente nunca esquece. A oportunidade de realizá-la a bordo do glamoroso Electra, ícone da ponte aérea, foi um privilégio. A última e mais segura aeronave da "era de ouro da aviação" seria desativada meses depois. Quem vivenciou essa época sabe do que estou falando. Sentada no assento da janela, senti com inquietação quando as quatro hélices começaram a girar. O frio na barriga aumentava à medida que a aeronave taxiava. Ao decolar, contemplei aquele infinito céu azul de brigadeiro, e logo meus pensamentos viajaram na mesma velocidade. Comecei a refletir sobre como minha vida havia decolado em tão pouco tempo. Eu ainda bem jovem, já havia conquistado, por esforço próprio, o ingresso na faculdade, o automóvel e um estágio bem remunerado que estava me proporcionando crescimento e gratificantes experiências. E tudo, de alguma forma, começara naquela manhã fria de inverno em que meu pai ensinou a separar parte dos ganhos para ir atrás das conquistas. E contemplando, lá de cima, a linda paisagem da Baía de Guanabara, que se fundia com a imensidão daquele céu azul, imaginei que outros grandes sonhos me esperavam. Pois a vida estava só começando... Outras viagens a trabalho vieram, mas a emoção daquele primeiro voo, em especial, ficaria marcada para sempre nas lembranças.

O tempo deu um pequeno sopro e já estava formada. Passei de estagiária a colaboradora terceirizada pelo banco. O salário aumentou um pouco, bem como as responsabilidades. Na época, atuava em tecnologia, área pela qual fui pegando gosto e que oferecia excelente remuneração e empregabilidade. Não pensei duas vezes em investir, logo em seguida, em uma pós-graduação na área para acelerar o aprendizado que me daria um bom diferencial de mercado. Apesar de ser um curso oneroso, consegui assumir mais esse investimento importante, que fez toda a diferença em minha vida.

Concluída a pós-graduação, de tanto conviver naquela atmosfera internacional, logo surgiria um novo sonho: conhecer a Europa. Minhas reservas financeiras iam bem. Com remuneração melhor, continuava fielmente a reter pelo menos 40% do salário ou até mais. As férias chegaram, e lá fui eu, logo no dia seguinte, embarcar rumo à primeira viagem internacional. Durante 30 dias, conheci vários países da Europa Ocidental: Espanha, França, Bélgica, Inglaterra, Alemanha, Áustria, Suíça, Liechtenstein, Luxemburgo, Mônaco e Itália. Uma viagem ousada para quem nunca colocara os pés fora do país. Conhecer o berço da humanidade ocidental foi uma experiência incrível e fascinante, expandiu minha visão de mundo e foi também uma comunhão da minha alma com os meus antepassados. Em alta velocidade, da janela do luxuoso trem, observava encantada o lindo cenário europeu, com as paisagens que mudavam a cada instante. E, com o olhar perdido, refletia sobre a saga da imigração de meus quatro avós italianos. Trinta dias de céu e mar atravessando o Atlântico rumo ao desconhecido. Ao chegarem ao Brasil, apenas com a roupa do corpo e uma mala cheia de sonhos, construiriam uma vida estruturada no campo... Não voltei dessa viagem sendo a mesma pessoa.

Alguns meses se passaram e senti que a minha experiência com o banco estava chegando ao fim. Sem pressa, fui buscando novas oportunidades. Certo dia, recebi com surpresa um convite. Seria entrevistada para uma vaga na área de TI em uma grande emissora de televisão. Depois de muita conversa com o gerente do setor, fui encaminhada ao diretor, que estava em posse de meu currículo e me perguntou:

— Como você, ainda tão jovem, fez tudo isso? Já formada, pós-graduada e com essa experiência toda no segmento de tecnologia?

— Comecei a trabalhar cedo e, continuamente, investi nos estudos. Conhecimento ninguém rouba de você, nem mesmo o tempo.

Na semana seguinte, fui contratada. Confesso que tudo foi muito rápido e, quando me dei conta, estava na mesa do meu novo emprego, com o dobro do salário anterior e um atraente pacote de benefícios. A vida nos reserva algumas boas surpresas, e nem mesmo nos meus maiores devaneios imaginei um dia que trabalharia em uma emissora de TV.

Uma nova jornada profissional estava começando naquele ambiente nada parecido com o que eu estava acostumada. Conhecer e vivenciar os bastidores de uma emissora em suas várias facetas foi algo muito curioso e uma experiência fora do comum. Como atuava com o suporte aos sistemas de TI, circulava livremente pelas áreas e unidades da emissora e descobria, fascinada, todos os segredos que existiam por trás da telinha.

No mesmo ritmo financeiro de sempre, continuava retendo boa parte dos ganhos, mantendo um padrão de vida básico, sem qualquer ostentação. Aproveitando as férias, as milhas aéreas e o dólar em baixa, resolvi realizar um intercâmbio de inglês nos Estados Unidos. O destino, São Francisco.

Chegar até quase o outro lado do mundo foi uma verdadeira aventura. As desgastantes horas de voo foram recompensadas pelas lindas imagens aéreas do Grand Canyon, com o seu magnífico pôr do sol, imagens essas que jamais esqueci. Ao desembarcar, nem sabia ao certo em que dia estava. Fui direto para a república de estudantes, onde me hospedei até o fim do curso. Conhecer os Estados Unidos era um sonho de criança, e estar em contato com estudantes de todas as nacionalidades para aprender inglês foi algo formidável e enriquecedor, uma experiência única. Essa era uma maneira econômica de fazer turismo e aprender inglês de verdade. Além de os passeios pela Califórnia terem sido mágicos, voltei com o idioma afiado. Gostei tanto da experiência que me planejei e fiz um novo intercâmbio em outro ano, na cidade de Boston, e lá pude visitar Harvard, a mais conceituada universidade do mundo. Respirar o ar de um dos berços da intelectualidade naquele lugar inspirador e belo me fez muito bem.

Minha trajetória na emissora de TV foi bem longa e estável, de quase uma década. Foi lá que cresci profissional e financeiramente, recebendo várias promoções pelo caminho. Outros bons empregos vieram, transições de carreira aconteceram e intrigantes desafios chegaram. Continuando com a mesma disciplina financeira de sempre, fui conseguindo, rapidamente e sem dívidas, realizar outros sonhos: comprar um imóvel, um carro novo, fazer inesquecíveis viagens e tantos outros anseios que se materializaram ao longo da jornada.

Algumas pessoas me perguntam como consegui alcançar a autonomia financeira tão jovem e em tão curto tempo. Na verdade, meu sábio pai, a quem sou muito grata, bem cedo me ensinou o que hoje conheço pela fórmula DSOP (Diagnosticar, Sonhar, Orçar e Poupar). Sábio, me legou a lição das lições; me ensinou a ter mudanças comportamentais desde o primeiro salário, de pouco mais de um salário mínimo, em prol dos meus sonhos, conquistas, ideais e segurança financeira. E eu, amparada pela motivação dos meus sonhos, com a busca incessante por conhecimento e disciplina, fiz a minha parte. E tenho sido muito feliz desde então por entender que dinheiro deve ter carimbo e representa um meio apenas, pois o que vale em nossa passagem pela Terra é realizar sonhos, movidos por momentos únicos e inesquecíveis em nossa existência.

Em minhas reflexões, penso como seria maravilhoso se cada adolescente de minha geração tivesse vislumbrado a oportunidade de conhecer e aplicar o ensinamento que eu tive de meu pai e que me fez ganhar o mundo. Provavelmente, já começaríamos a viver em uma sociedade com adultos mais sustentáveis, libertos e realizados. Uma sociedade composta por cidadãos vivenciando seus maiores sonhos e mais nobres propósitos.

Tornei-me educadora e terapeuta financeira. Continuo escrevendo a própria história e idealizando novos sonhos. Tenho uma longa jornada pela frente e muito caminho a percorrer. Como uma forma de gratidão, além de um propósito de vida, levo esse conhecimento às pessoas de todas as idades e faixas de renda, demonstrando que está nas mãos delas transformar as suas realidades, tornando a caminhada pela vida mais liberta, prazerosa e feliz. E a cada oportunidade, baseada em minha própria história e na de meus antepassados, revelo algo que transforma tudo: *"Pobre não é aquele que não tem dinheiro, mas, sim, aquele que não tem sonhos"*.

"Compreendi que aumentar os ganhos é importante, porém o primordial é poupar."
Claudia Ramenzoni Izzo

CLAUDIA RAMENZONI IZZO

Nasci em São Paulo, estudei no colégio Dante Alighieri e me formei em administração de empresas pela Fundação Getulio Vargas (FGV/SP). Possuo especialização em mercado de capitais pelo Ibmec. Sou formada em educação financeira e em terapia financeira pela DSOP. Iniciei a carreira no mercado financeiro em corretora de valores como *equity sales*, sendo responsável por investidores institucionais. Trabalhei em tesouraria como *trader* de renda fixa internacional, sendo posteriormente responsável por operações de *funding* e estruturação de produtos *offshore*.

Atuei por mais de dez anos na área de *private wealth management* de grandes bancos globais como BSI e Deutsche Bank, no qual ocupei a posição de *head* de PWM no Brasil, administrando carteiras de *ultra-high-net-worth individuals*. Atualmente, sou diretora executiva da Mind Invest e diretora financeira da ABEFIN (Associação Brasileira de Educadores Financeiros).

OS CINCO PASSOS PARA A INDEPENDÊNCIA FINANCEIRA

Eu tinha um sonho. Queria estar perto dos meus filhos nos primeiros anos de vida deles. Para isso, precisava de uma reserva financeira que pudesse manter o meu padrão de vida quando esse momento chegasse. Fiz os cálculos e estabeleci uma meta a ser alcançada até os 30 anos. Elaborei uma planilha com diversas pastas: ganhos, investimentos subdivididos por perfil de aplicação e assim por diante. Tentava maximizar o retorno/risco, fazia projeções e controlava todos os rendimentos.

Naquela época, trabalhava na mesa de operações e supunha que, para alcançar a independência financeira, o principal fator seria aumentar os rendimentos. Posteriormente, tive a chance de trabalhar com clientes de altíssima renda, *ultra-high-net-worth individual (UHNWI)*, grupo que é formado por grandes empresários, donos de fortunas imensas, pessoas fantásticas. Sempre me fascinei por suas histórias incríveis e tentei traçar paralelos entre eles para entender o que os tinha feito tão especiais. Percebi que são pessoas extremamente motivadas por grandes ideias, conseguem se organizar financeiramente com maestria para realizá-las e possuem grande talento para poupar, pois muitos tiveram um começo de vida modesto.

Compreendi que "ganhar mais" é importante, porém o primordial é poupar. Era necessária uma mudança de modelo mental. A partir daí, comecei a anotar e controlar cada despesa, comparando mês a mês. Quanto mais perto chegava da minha meta, maior se tornava a motivação. A disciplina e o foco no controle de cada item do orçamento foram fundamentais para alcançar meu grande sonho antes dos 30 anos.

As soluções deste artigo se sustentam por meio da minha vivência no tema, do respectivo conhecimento técnico sobre investimentos e da formação que me capacitou como educadora e terapeuta financeira. Aproveite o conteúdo e leve-o até a estrada da prática, pois os grandes sonhos não podem viver apenas na teoria.

COMO ALCANÇAR A INDEPENDÊNCIA FINANCEIRA?

Antes de qualquer coisa, precisamos entender exatamente o tema. Por conceito, a independência financeira significa a liberdade de não precisar mais trabalhar por obrigação e passar a fazê-lo por prazer. Ou seja, o seu patrimônio gera um rendimento mensal real que, descontada a inflação, é suficiente para manter o padrão de vida atual. Não é preciso guardar uma fortuna incrível para alcançá-la. Você precisa criar um modelo autossustentável, em que os gastos sejam compatíveis com ganhos, permitindo viver com tranquilidade.

A chave para alcançar a independência financeira é o delta: a diferença entre seus ganhos e gastos. O delta pode ser negativo, neutro ou positivo.

- Pessoas que gastam mais do que ganham têm delta negativo;

- Pessoas que gastam o que ganham têm delta neutro;

- Pessoas que ganham mais do que gastam têm delta positivo.

Como se pode imaginar, pessoas com deltas altamente positivos alcançam a independência financeira precocemente. Já os casos com delta negativo usufruem de uma riqueza que ainda não foi gerada e geram riqueza para alguém que financia seu padrão de vida. Nesse caso, as pessoas terão de trabalhar ainda mais para repor esse valor, e muitas entram em um círculo vicioso, do qual não conseguem sair.

Os cinco passos a seguir ajudarão a entender todo o processo.

1º PASSO
ENCONTRAR A VERDADEIRA MOTIVAÇÃO

Antes de grandes mudanças, temos de encontrar o real sentido: por que vale a pena mudar? É preciso encontrar os verdadeiros gatilhos mentais, o que de fato desperta, alavanca e afasta da inércia comportamental.

> *"A educação financeira é um processo que requer um profundo desejo de progredir."*

MOTIVAÇÃO PESSOAL

O que me motivava era a possibilidade de estar mais perto dos meus filhos, esse era o meu sonho. Entenda exatamente o que a independência financeira significa para você. Pense nos próprios sonhos, mentalize, escreva e acredite. Além da independência financeira, que normalmente é um sonho de longo prazo, alimente também os de curto e os de médio, importantes para proporcionar qualidade de vida e motivar o alcance de um sonho mais longo. É como quando se participa de uma corrida de rua, em que a marcação de quilômetros nos motiva e energiza a continuar até o fim: pequenas vitórias dentro de uma grande conquista. Para um adulto, um sonho de curto prazo pode levar até um ano; de médio prazo, até dez anos; de longo prazo, acima de dez anos.

Se o seu sonho de curto prazo for uma viagem, poupe durante um ano inteiro para finalmente passar dias deliciosos em um lugar especial. Isso, com certeza, vai ter um grande significado e será altamente motivador. Não se deve pensar em poupar sem que a prática esteja atrelada a um sonho. Mil reais é muito ou é pouco? Para comprar um café é muito, para uma casa é pouco. Dinheiro só faz sentido quando relacionado a um contexto.

Além das próprias razões, podemos encontrar motivos para buscar a independência financeira pelas pessoas que amamos.

MOTIVAÇÃO PELA FAMÍLIA

A falta de equilíbrio financeiro é a causa de muitas brigas e discussões familiares. A vida fica mais dura; não há reserva para o lazer ou para os sonhos coletivos. Muitos conflitos nas relações surgem de frustrações e diferenças entre as expectativas. Trabalhar em conjunto para alcançar um sonho em comum une a família, pois todos se engajam e prosperam.

MOTIVAÇÃO PELAS CRIANÇAS

E se você tivesse recebido educação financeira desde pequeno e aprendido a poupar uma parte do que ganha, por menor que fosse o valor? Será que já teria atingido a independência financeira?

A natureza é sábia: os animais simulam pequenas vivências necessárias aos filhotes para que treinem ao longo do crescimento e sobrevivam ao futuro. Os leões ensinam os filhotes a caçar; os pássaros, a voar. Nós também devemos simular, em pequenas doses, o que as crianças enfrentarão no futuro. Vivemos em uma sociedade predominantemente capitalista, que exige o aprendizado e o relacionamento saudável com o capital adequados a cada faixa etária.

Por isso, precisamos estipular mesadas coerentes, ajudando nossos filhos a estabelecer metas e poupar uma parte para alcançá-las. Isso tudo os ajudará a educar a própria vontade desde cedo. Mas, acima de tudo, precisamos ser bons exemplos para as crianças.

MOTIVAÇÃO CORPORATIVA

De acordo com o *Personal Finance Employee Education Foundation* (PFEEF), 66% dos empregadores reconhecem que a produtividade cai significativamente quando os funcionários estão em dificuldades financeiras. Colaboradores financeiramente saudáveis trabalham mais felizes, tranquilos e vivem melhor. Quando nos reeducamos financeiramente, inspiramos as pessoas ao nosso redor, inclusive as do nosso ambiente de trabalho.

Existem muitas outras motivações, e precisamos descobrir exatamente quais são as que nos movem e nos inspiram.

2º PASSO
AUTOCONHECIMENTO FINANCEIRO

Como em todos os processos de mudança, para atingir a independência financeira é preciso se conhecer melhor, aprender com os erros e valorizar os acertos. Sempre que vou aplicar em um fundo de investimento, verifico o histórico e a performance em momentos de crise e de euforia econômica. Isso não garante o futuro, mas os dados históricos permitem entender melhor o comportamento do fundo e de seus gestores.

Encontrar o verdadeiro "eu financeiro", as virtudes e os pontos a melhorar é um processo de três etapas: aprender com o passado, entender o presente e ter um plano de ação para o futuro.

- Aprenda com o passado: reflita sobre a sua história, entenda em que contexto financeiro cresceu, como isso afetou a sua personalidade e a sua vida. Pense também nas primeiras experiências com o dinheiro, nas primeiras compras e nos primeiros sentimentos em relação ao dinheiro. Desenhe a sua linha do tempo financeira e verifique quais foram os principais gastos e ganhos; tente lembrar em que contexto ocorreram. Faça isso ao longo dos anos, estime quanto ganhou, em média, ano a ano, desde que começou a trabalhar. É muito importante que compare o total conquistado ao longo da vida com o patrimônio atual. O exercício vai ajudá-lo a encontrar o seu verdadeiro delta, a entender exatamente quanto ganhou até hoje e a aferir quanto conseguiu poupar. E se você não conseguiu poupar, não desanime. É a situação da maioria em nosso país, com milhões de brasileiros inadimplentes. Passamos por inúmeras crises econômicas e não tivemos educação financeira na infância. Mas é sempre uma boa hora para aprendermos e mudarmos nossa história.

"Analisar o passado é um grande presente para um futuro próspero."

- Entenda o presente: faça um estudo completo da situação atual. Avalie o orçamento, vá a fundo nele e anote cada despesa; faça isso por três meses. Após esse período, compile todas as informações e reúna a família para que discutam item a item. Compreenda quais gastos poderiam ser evitados, quais poderiam ser minimizados por alternativas melhores e o que de fato valeu a pena. A ideia é ter a noção exata entre o que é essencial e o que é supérfluo.

- Tenha um plano de ação: reflita sobre a sua independência financeira e, com base no novo orçamento, calcule o valor desse sonho. Faça diversas simulações de como atingir o montante necessário: poupando mais por menos tempo, poupando menos por mais tempo. Entenda qual opção é a perfeita para você. No Brasil, poucas pessoas fazem cálculos de ganhos e gastos anuais, então é importante que os valores sejam mensais.

Agora que já refletimos sobre gatilhos mentais, revisitamos o histórico, entendemos o orçamento e calculamos quanto precisamos poupar para atingir a independência financeira, é hora de agir.

3º PASSO
AUMENTAR O DELTA

Aumentar a diferença entre nossos ganhos e gastos é a próxima meta. "Ganhar mais" é desafiador, porque, em geral, não depende exclusivamente de nós.

Suponhamos que, de acordo com seus cálculos, você precise ampliar seu delta em 20% para atingir a independência financeira em 15 anos. Vamos, então, pensar nas hipóteses de conseguir esse acréscimo no delta ganhando mais:

- Se você tem um emprego no setor público ou no privado, reflita se é fácil entrar na sala do chefe e conseguir um aumento imediato de 20%. Por mais que mereça, a chance é baixíssima. Aumentos salariais dependem de uma série de circunstâncias e fatores alheios.

- Se você é empresário, imagine reunir os seus colaboradores e pedir que a partir deste mês o faturamento aumente 20% — as chances também serão poucas.

- Se você quiser investir: para conseguir 20% de aumento de renda por meio de algum tipo de investimento, você teria de aplicar em um ativo extremamente volátil, com maior risco. Para arriscar ganhar mais, necessariamente corre-se o risco de perder mais. E se em vez de ganhar os 20%, você perder dinheiro? Significa que, no próximo mês, terá de recuperar o que perdeu e acrescentar o retorno do mês seguinte.

A chance de obter maior retorno é apostar em uma grande ideia, em uma *startup* promissora ou em uma sociedade interessante. Mas, para isso, você precisa ter uma reserva financeira, havendo fôlego para a fase de criação e implementação desse novo negócio. Por isso é tão importante acumular delta; é preciso ter capital para as grandes oportunidades que aparecerão na vida.

Existem ainda outras hipóteses para aumentar os ganhos, mas nenhuma delas é tão fácil quanto gostaríamos que fossem. Bitcoin, por exemplo, gerou altos retornos e grandes perdas, demonstrando volatilidade altíssima. Podem ainda surgir uma herança inesperada, um bilhete de loteria premiado, uma mina de ouro ou um tesouro escondido no fundo do mar. Mesmo essas sortes improváveis têm grande risco: normalmente, pessoas que ganham dinheiro rapidamente também o perdem com celeridade. Há vários casos de artistas e atletas que dilapidaram o patrimônio velozmente, mesmo com ganhos altíssimos.

Em geral, essas pessoas, em um determinado momento da vida, aumentaram de forma súbita os ganhos, mas não conseguiram administrar o novo padrão de vida. Em poucos anos, saíram da pobreza, passaram por um ciclo de geração de riqueza, entraram rapidamente em um de grande consumo e, muitas vezes, retornaram à pobreza.

Para chegar à independência financeira, seu delta deve ser coerente com as entradas e as saídas. Essa coerência deve ter como baser um segredo simples que faz toda diferença: gastar menos. A prática de economizar é bem mais fácil do que a tentativa de aumentar os ganhos, pois a primeira depende de nós e a segunda, nem sempre. É assim que conseguimos aumentar nosso delta.

De acordo com a Organização das Nações Unidas para Alimentação e Agricultura, a FAO, o Brasil está na lista dos dez países que mais desperdiçam comida no mundo. A cultura do desperdício alcança também outros setores das nossas vidas, o que torna essencial a mudança. Boa parte dos nossos gastos não é realmente necessária. Se esses valores fossem acumulados ano a ano, representariam um capital importante para o futuro. A regra é simples e a solução, composta.

Explico: quanto mais poupamos e quanto maior o prazo, mais exponencializados serão os valores de retorno. O milagre de poupar chama-se capitalização composta. Vou demonstrar:

SE POUPAR NO DIA	NO MÊS SERÃO...	EM 10 ANOS SERÃO...	EM 20 ANOS SERÃO...	EM 30 ANOS SERÃO...
R$ 5	R$ 150	R$ 24.290	R$ 69.886	R$ 155.475
R$ 10	R$ 300	R$ 48.580	R$ 139.771	R$ 310.950
R$ 20	R$ 600	R$ 97.160	R$ 279.542	R$ 621.899
R$ 30	R$ 900	R$ 145.740	R$ 419.313	R$ 932.848
R$ 40	R$ 1200	R$ 194.320	R$ 559.084	R$ 1.243.798
R$ 50	R$ 1500	R$ 242.900	R$ 698.856	R$ 1.554.748

Considerando juros de 6,5% ao ano.

Em geral, nos preocupamos somente com gastos maiores, como a compra de um carro ou a de uma casa, mas são os pequenos que corroem nosso orçamento, quase sempre ocasionados por impulso, como a liquidação em que compramos algo de que não precisamos. O barato, muitas vezes, sai caro. Pense em uma peça de roupa que você adora, tente estimar quantas ocasiões a usou e divida o valor pago pelo número de ocasiões. Compare com alguma peça que você pagou "barato" em uma liquidação, mas pouco ou nada usou. Faça a mesma conta e terá a noção exata daquilo que de fato é barato ou caro. A liquidação é o que sobra do estoque, muitas vezes porque tem caimento ruim, cor difícil de agradar ou tecido desconfortável.

Nas gôndolas dos supermercados, os produtos mais caros geralmente ficam à altura dos olhos e são os primeiros que pegamos. Experimente olhar para as prateleiras de baixo: nelas muitas vezes o produto similar estará disponível a um preço bem menor. Há ainda o agravante do fator tecnológico; hoje pode-se comprar tudo com dois cliques no celular. Esse consumo cada vez mais fácil e imediatista é ainda mais sedutor, traz um risco muito maior e merece atenção redobrada.

A ideia da reeducação para a independência financeira não visa fazer você sofrer antes de gastar, mas permite que você se apodere, de fato, do seu dinheiro. Saiba exatamente onde está, aonde pretende ir e como chegar lá. Quem domina esse caminho não sai dele até encontrar o destino. Não podemos ficar à deriva, deixando a vida nos levar, sobrevivendo mês a mês, sem controle algum. Isso pode ter consequências no futuro.

De tão centrada no desejo instantâneo, a pessoa acaba sendo egoísta: "eu hoje" sou mais importante do que "eu no futuro". Pensando assim, a pessoa exagera em hábitos de vida que poderão ter consequências no futuro: comendo, bebendo e gastando demais.

As próximas gerações terão de lidar com a escassez de recursos, de água e de alimentos. Os excessos que hoje vão para o lixo poderiam ser usados para investimento em novas tecnologias e para patrocinar ideias que tornassem nosso planeta mais sustentável.

Um exemplo marcante foi a crise hídrica que afetou principalmente o Sudeste do Brasil em 2014. Parecia impossível economizar, e a maioria afirmava que já consumia bem pouco. O fato é que as pessoas conseguiram economizar mais de 20% de água ao mudarem pequenos hábitos, como fechar a torneira ao escovar os dentes ou utilizar água de reúso ao lavar quintais e calçadas. As pessoas se engajaram e, juntas, conseguiram atingir a meta. Mais do que uma simples redução na conta, foi uma lição de vida. Ninguém deixou de tomar banho, de viver bem; as pessoas simplesmente passaram a consumir com menos desperdício. É este modelo que estou propondo: estender isso para todas as áreas da sua vida.

> *"Poupar é como ajustar a rota de um avião: apenas alguns graus são necessários para uma grande mudança de destino."*

4º PASSO
ACOMPANHAMENTO CONTÍNUO

A disciplina também é parte indissociável do processo. Assim como acontece na reeducação alimentar ou esportiva, é necessário mudar os hábitos para sempre. Quem treina sabe que, se parar ou relaxar, regredirá. Não deixe de medir esforços, revisite sua posição frequentemente, faça acompanhamentos mensais e tenha metas anuais. A cada meta alcançada, comemore e, logo em seguida, estabeleça a próxima!

5º PASSO
SEGUIR BONS EXEMPLOS

É importante seguir grandes exemplos de pessoas que nos inspiram. Além dos clientes, uma grande referência para mim é Warren Buffett, o Oráculo de Omaha, uma lenda entre os investidores. Desde a década de 1960, seu fundo, Berkshire Hathaway, tem rendimentos excepcionais. Apesar de ter um patrimônio estimado em 70 bilhões de dólares, Buffett é conhecido por uma vida modesta. Mora na mesma casa desde 1958. Pagou por ela 31 mil dólares e hoje ela vale cerca de 270 mil dólares, o que nos traz um ponto para reflexão: se um dos homens mais ricos do mundo tem hábitos tão simples, será que precisamos mesmo ter uma vida com tantas despesas?

> *"Regra número 1: nunca perca dinheiro.*
> *Regra número 2: não esqueça a regra número 1."*
> *Warren Buffett*

A independência financeira depende de você; dê cada um dos cinco passos e seja o autor da sua própria história!

"O caminho para a independência financeira estava começando a ser traçado. Já sabia quanto iria me custar e quanto deveria guardar dos meus recursos para o futuro."

Leandro Rodrigues

LEANDRO RODRIGUES

Sou economista que atua na área de planejamento financeiro, empresarial e pessoal; meu arsenal inclui formação em educação e terapia financeira. Membro da ABEFIN (Associação Brasileira de Educadores Financeiros) e parceiro da DSOP Educação Financeira, atuo em empresas realizando consultorias e assessorias, auxiliando no crescimento empresarial, maximizando os lucros e minimizando os custos de forma simples e objetiva.

O trabalho de sucesso como educador tem se difundido nos meios de comunicação, tais como TVs, rádios, jornais e revistas do Brasil. Perito em neuroplasticidade (mudar a forma de pensar), realizo terapias financeiras individuais e coletivas, buscando uma maneira diferente na forma de pensar e, como resultado, a mudança de comportamento. Já tenho mudado a vida de milhares de pessoas em todo o país, fazendo com que as empresas saiam da zona de risco e se tornem prósperas, alterando o percurso do endividamento e conduzindo ao caminho do investimento. Sou pai da Rayssa.

DA INADIMPLÊNCIA À INDEPENDÊNCIA FINANCEIRA

Se você acordasse pela manhã e recebesse a notícia de que não precisaria mais trabalhar nenhum dia, pois o seu padrão de vida seria garantido por alguém generoso, qual seria sua reação? Provavelmente, ficaria desconfiado. Tal realidade pode ser um sonho hoje, mas acredite: a independência financeira é possível e esse alguém generoso pode ser você. Desde que deixe de lado o imediatismo e passe a pensar em médio e longo prazos, é bem provável que a conquiste.

Vou compartilhar com você algumas maneiras de adquirir a tão sonhada independência financeira, e a primeira delas é desenvolver uma mente rica. Muitos dos homens mais ricos do mundo saíram da estaca zero, começaram com a mudança de hábitos e foram conscientes na hora de tomar decisões que diziam respeito ao dinheiro. Além disso, pensaram rico, andaram rico, agiram rico, exatamente como aquele alguém generoso, que bem pode ser você, com novas atitudes e formas de pensar e agir.

Experiências amargas marcaram minha vida, e o superendividamento foi um dos acontecimentos mais difíceis que enfrentei. A sensação é a de estar com mãos e pés amarrados, enquanto o fogo consome a casa. As dívidas foram como um câncer, que matava de forma silenciosa a minha saúde financeira e quase acabou com a minha vida.

A busca pela independência financeira acontece a partir de uma série de dificuldades monetárias. Inconformado em ficar sempre no vermelho, almejava alcançar algo maior e sustentável, pois não queria ser dependente apenas dos meus negócios. Trabalhando em uma empresa ainda sob o regime CLT, recebia, na época, o equivalente a um salário mínimo e meio. Certo dia, avaliando o preço de meus sonhos, percebi que o valor seria insuficiente para alcançá-los. Foi quando eu resolvi empreender e virar "meu patrão". Estava ciente da complexidade disso. Compartilhei a ideia com algumas pessoas, e a maioria afirmava que não seria bom negócio. Apenas uma pessoa, no entanto, me disse "pode dar certo".

Apostei nisso e, bem cedo, o resultado se apresentou. Inaugurei uma empresa de instalação e manutenção de ar-condicionado e, em poucos meses, a média de faturamento alcançou cerca de 18 salários mínimos. Imagine como ficou a minha cabeça. Eu, que praticamente não conhecia dinheiro, pensei que estava "rico".

Sem muita experiência nas áreas financeira e administrativa, cometi erros comuns entre os empresários da atualidade: criei um conflito entre a vida pessoal e a empresarial, usando uma única conta bancária para tudo, sem diferenciar aquilo que pertencia à empresa daquilo que era familiar.

Na verdade, o bom faturamento me fez pensar que estava rico, mas com a mentalidade pobre. Sem pró-labore definido, gastava boa parte das economias da empresa. No início, até conseguia guardar parte dos rendimentos na poupança, mas, com o comportamento consumista, as economias logo acabavam. Mesmo com a boa renda, gastava mais do que ganhava, e a conta disso logo começou a aparecer. Entrei em uma dívida praticamente impagável com as instituições financeiras. Os efeitos do descontrole financeiro eram inúmeros, porém o que mais me incomodava era a falta de paz interior.

Agora superendividado, estava na hora de pedir ajuda. Entendi que meu conhecimento estava limitado para a situação e, se tardasse a buscar ajuda de um profissional da área financeira, tudo poderia piorar. Não tinha dinheiro para o mínimo e, ainda assim, teria de gastar com um especialista. Parece contraditório, mas, em um momento de desequilíbrio total, eu entendia que o preço da ignorância seria muito maior do que o custo de um perito em finanças. Foi então que conheci Reinaldo Domingos, presidente da ABEFIN (Associação Brasileira de Educadores Financeiros), e uma pergunta dele chamou a minha atenção, provocando um impacto extraordinário na minha forma de ver as coisas.

"Se a partir de hoje você deixasse de receber o ganho mensal, por quanto tempo conseguiria manter o seu atual padrão de vida?"

Na tentativa de sair daquela situação de escassez monetária, iniciei o curso de ciências econômicas, o que de início não me trouxe o resultado esperado, pois tratou os sintomas, e não a cura. Então, saí de Porto Alegre e fui a São Paulo a fim de fazer um curso de educação financeira em uma escola chamada DSOP, o que me proporcionou resultado imediato na vida financeira, já que o "remédio" do curso tratou diretamente a infecção. O caminho para a independência financeira estava começando a ser traçado. Já sabia quanto iria me custar e quanto deveria guardar dos meus recursos para o futuro.

Em um ano e meio, deixei a condição de endividado e me tornei investidor. Minha história mudou tanto que resolvi contá-la em palestras e workshops. Investi um ano de trabalho concentrado em consultorias financeiras; fui convidado a conceder entrevistas e a falar sobre assuntos relacionados às finanças em diversas emissoras de televisão, algumas vezes em rede nacional. Nessas ocasiões, acabei adquirindo clientes, entre eles pessoas conhecidas na mídia que, embora tivessem bom salário, não se relacionavam bem com o dinheiro. Na verdade, não importa muito quanto se ganha, e sim quanto se é capaz de poupar do ganho. Às vezes, fico me lembrando da situação de extrema dificuldade pela qual passei, e agora minha história serve de inspiração para muitas pessoas.

Bom, você não precisa ser economista ou educador financeiro para começar a construir a independência financeira. Os profissionais da área financeira servem para orientar o melhor caminho, visto que o conhecem bem, porque vivenciaram o endividamento na pele e, em vez de destruir, aprenderam a construir.

QUEBRE AS CRENÇAS LIMITANTES

Como a maioria das pessoas, fui criado e impulsionado para ter sonhos. Entre eles estão alguns que o dinheiro pode comprar. Um bom exemplo é o fato de que, desde muito cedo, é introduzida a ideia dos sonhos da casa própria e do carro. Com toda a certeza, são os de muitas pessoas e, por muito tempo, foram os meus.

Tenho um pensamento muito claro hoje a respeito desses sonhos e descobri que acabamos sonhando com coisas que, na verdade, nada mais são do que necessidades do nosso dia a dia. A casa própria, por exemplo, não deveria ser encarada como sonho, e sim como necessidade. A verdade, portanto, é que sonhamos com tão pouco...

Consideramos sonhos aquilo que parece distante de nós; e uma necessidade é, para nós, algo que está ao alcance. Você já percebeu que, quando emitimos uma mensagem ao cérebro de que necessitamos de algo, o processo de execução é acelerado? Imagine que você precise de um par de sapatos. O primeiro par é uma "necessidade", certo? Mesmo que não precise dele e já possua muitos, talvez nem sequer tenha dinheiro para comprá-lo. Porém, se passar ao cérebro a mensagem de que precisa de um par, provavelmente vai dar um jeito de adquiri-lo. A palavra mágica "preciso" demanda o entendimento de que é uma necessidade, e temos por hábito priorizá-las.

Antes de enxergar a independência financeira como um sonho tão distante, vamos começar a vê-la como necessidade. Isso vai facilitar todo o percurso em busca do sonho, ou melhor, da necessidade. Nesse primeiro estágio, estamos treinando e burlando o sistema que nos é imposto desde a infância, e o processo mental é, sem dúvida, o mais difícil, pois exige a quebra de paradigmas e a mudança da cultura mental.

Muitas pessoas têm dificuldade de alimentar o sonho da independência financeira por acreditarem, por exemplo, que não viverão o suficiente para usufruir dos benefícios. A crença potencializa o fracasso e a desistência da busca. É um erro gravíssimo, porque, assim como a pessoa poderá não existir daqui a 20 ou 30 anos, poderá ter uma baixa qualidade de vida, depender da caridade dos familiares e até ser obrigada a trabalhar sem ter saúde para isso.

Ao entender que a independência financeira é uma necessidade e que apenas 1% da população brasileira atinge esse desejável patamar, vamos aos passos para conquistá-la.

MUDE OS HÁBITOS

Você não precisa ser milionário ou dono de grande empresa para se tornar independente financeiramente. Como já falei, é uma questão de conquista. Para quem está com o orçamento estourado e não consegue juntar dinheiro para a aposentadoria, mudar alguns hábitos é imprescindível. O alcance dos objetivos financeiros depende dessa nova forma de pensar e da mudança dos hábitos de consumo, passando a ser "consumidor e não consumista".

Um dos erros mais comuns da maioria é fazer compras sem uma lista de prioridades e necessidades, com pressa e sem noção de "quanto tem" disponível para gastar. Escreva as necessidades e evite fazer a contabilidade mental. Nessa hora, vem a boa e velha forma de calcular "na ponta do lápis". Quando colocamos nossas ideias no papel, temos a visão panorâmica da situação; caso contrário, a visão das necessidades e da real condição financeira é míope. O novo comportamento vai proporcionar algumas vitórias logo no início do processo, mas não seja tão apressado quanto aos resultados, respeite o tempo e faça dele um aliado.

Muitos começam a frequentar a academia em busca do corpo perfeito. Querem um resultado tão imediato que acabam se frustrando e desistindo dos treinos. Não basta treinar. O resultado aparece graças a uma boa dieta, acompanhada por um nutricionista, e a um *personal trainer*. Além disso, para cada objetivo, existe um tipo de exercício, uma alimentação apropriada. Enfim, com o tempo, os resultados vão aparecendo e, com eles, vem a motivação para continuar.

A caminhada para a independência financeira não é diferente. O processo é contínuo: treinar muito, fortalecer as conquistas e proporcionar saúde ao corpo financeiro. A exemplo do que acontece na academia, um exercício pode ser bom para você e ruim ao outro que tem um objetivo diferente. Por isso, cada caso deve ser tratado de acordo com o intuito de cada um.

A equalização da vida financeira também não é uma receita de bolo. Você pode seguir a mesma prática do vizinho e obter resultados completamente diferentes. Por isso, atenção na hora de clonar hábitos alheios. Uma boa forma de concentrar forças na direção dos sonhos é priorizá-los, tê-los sempre de forma clara e mentalizá-los com frequência.

Além disso, na hora das compras, use sempre a razão. Se a compra do par de sapatos, por exemplo, afastará os objetivos, fique longe também do lugar onde vendem calçados. Se realmente for necessário, compre-o, mas sempre respeitando a real condição financeira.

Em resumo, sempre priorizar os sonhos é o melhor rumo. É pela realização deles que trabalhamos e vivemos. Com o tempo, pessoas que não realizam sonhos se tornam frias; já aquelas que conseguem lograr o intento se tornam melhores, proporcionam uma energia benéfica e contagiante ao lugar onde vivem e às pessoas com quem convivem.

ORGANIZE A VIDA FINANCEIRA E DEFINA O PADRÃO DE VIDA

Com a nova postura diante das próprias finanças, o dinheiro vai começar a aparecer. Canalize-o na direção certa. Em épocas de crise, é bem comum ouvir a expressão "o dinheiro sumiu". Na verdade, dinheiro não some, apenas troca de endereço. Se você contrair bons hábitos financeiros, vai começar a atraí-lo.

Colocar o dinheiro para trabalhar 24 horas por dia foi uma das maneiras que os homens mais ricos do mundo encontraram para aumentar seu patrimônio de forma exponencial. Faça um levantamento real de quanto você precisa para manter sua vida equalizada, ou seja, quanto deve ganhar por mês para viver de forma modesta e confortável.

Em alguns anos, o padrão de vida deve estar melhor, visto que vamos perdendo aquele "pique" e, muitas vezes, precisamos de auxílio para realizar atividades de rotina, o que resulta na necessidade de contratar alguém para determinado suporte. Assim, adapte e apure os custos, tanto os fixos como os variáveis. Sempre que lidar com as despesas, contabilize-as corretamente; por exemplo, se a despesa com a conta de energia é de R$ 132,41, marque exatamente esse valor e não o arredonde para R$ 132,00. As receitas devem ser vistas sempre descontando os encargos; por exemplo, se o salário bruto é de R$ 1.089,00, memorize o valor líquido. Dessa maneira, a conta sempre vai fechar sem pagar os juros ou se tornar inadimplente.

É bem importante que o orçamento mensal seja montado de forma consciente, sem que nada seja esquecido. Existem outras despesas, no entanto, que não aparecem todos os meses, como o IPVA ou a eventual revisão do carro. É preciso diluir esses e outros custos ao longo de cada mês para facilitar o pagamento e a visualização. Com as finanças, é preciso pintar a pior situação possível. Seja pessimista e imagine o pior; assim, você estará preparado. Talvez não consiga fazer um diagnóstico preciso em apenas um mês. A depender de cada situação, para chegar ao número ideal, um período de três meses ou mais pode ser necessário.

Se estiver com muitas dívidas e encontrar dificuldades para poupar parte dos recursos a fim de alcançar a independência financeira, é necessário criar uma estratégia e pagá-las, mas sem jamais se esquecer de separar uma parcela para o objetivo da aposentadoria. Dívidas sempre existirão; se você começar a juntar dinheiro só depois de quitá-las, talvez seja tarde demais. Compartilho, portanto, uma orientação infalível que pratiquei para neutralizar o excesso de dívidas: viver abaixo das minhas receitas. Embora seja algo lógico, muitos ainda não entenderam isso. O seu crédito não poderá ser superior a 40% das receitas. Assim, você terá 60% dos recursos para utilizar e, caso exceda a porcentagem, solicite que a instituição credora promova a redução desse limite.

Após um diagnóstico da vida financeira, vai chegar ao número que representa quanto você precisa por mês para manter a vida de "aposentado" ou a de "independente financeiro". É preciso saber ainda "quando" queremos começar a usufruir do capital aplicado e quando vamos nos aposentar.

DEFINA UM PRAZO PARA A APOSENTADORIA

Sua resposta, agora, vai influenciar muito a quantia a ser poupada e aplicada ao mês. Quanto menor o espaço de tempo, maior o valor a ser poupado. E quanto maior o tempo, menor o valor a ser poupado. Por isso, quanto mais cedo começar, menor será a porção a ser retida. Essa é a hora de definir o tempo em que vai começar a usufruir do capital investido ao longo dos anos. Sabemos que não é tão rápido assim, ainda mais a quem não tem receita muito elevada.

Imagine que Gabriel tenha 25 anos, pretenda se aposentar em 30 anos com uma renda de R$ 3.000,00/mês. Bem, aos 55 anos, Gabriel não vai mais precisar trabalhar, pois terá se tornado independente financeiramente. Mas quanto Gabriel precisa reter da renda para ter direito a esse valor?

Nesse exemplo, para contrair uma receita de R$ 3.000,00/mês em 30 anos, é necessário separar R$ 385,00 por mês. Vou usar a poupança a fim de facilitar nosso raciocínio. Aplicado a uma taxa de 0,65% ao mês com a inflação de 5% ao ano, ou seja, fazendo as atualizações no valor investido anualmente, teríamos um capital de aproximadamente R$ 926.000,00 formado por juros compostos. Este seria o valor da independência financeira.

No cálculo, Gabriel separa uma quantia mensal para que, em 30 anos, sua renda de juros ao mês tenha um valor aproximado de R$ 6.000,00, dos quais utilizaria apenas R$ 3.000,00 para manter o padrão de vida e manteria os outros R$ 3.000,00 a render juros sobre juros. Quando Gabriel morrer, o capital investido ficará como herança e garantia da qualidade de vida aos seus descendentes, já que terá utilizado apenas 50% dos juros ganhos ao mês.

O mais importante, independentemente do exemplo de Gabriel, é começar. Alguns começaram depois dos 60 anos, não tinham muito e, a despeito disso, se tornaram milionários.

Vamos a outro exemplo. Suponhamos que Maria tenha um filho recém-nascido e queira construir a independência financeira dele, já desde pequeno, deixando uma renda de R$ 2.000,00/mês, a ser usada quando o filho completar 21 anos, para que fique confortável no início de sua vida adulta. Para receber esse valor ao mês, a partir de 21 anos, seria necessário aplicar na poupança R$ 658,00 por mês, a uma taxa de 0,65% ao mês, com a inflação de 5% ao ano, durante 21 anos, o que geraria um capital de aproximadamente R$ 615.000,00 e proporcionaria uma renda de R$ 4.000,00, da qual R$ 2.000,00 manteriam o padrão de vida. O restante ficaria a render juros sobre juros. Nesse caso, o capital total não acabaria nunca.

R$ 615.000,00 CAPITAL ACUMULADO

IDADE INICIAL (1º DEPÓSITO)		IDADE DE INÍCIO DOS SAQUES (FIM DOS DEPÓSITOS)	
0	252 depósitos de R$ 658,00*	21	saques infinitos... (de R$ 2.000,00 por mês)

*Depósitos referentes ao 1º ano. Nos anos seguintes, são acrescidos 5% de inflação.

INVISTA O DINHEIRO NO LUGAR CERTO

Procure aplicar entre 20% e 30% dos seus recursos. Diversifique e jamais coloque todo o recurso em um só investimento. Ao agir assim, haverá maior controle sobre os riscos. Não existe a melhor forma de investir dinheiro, e sim a maneira adequada, de acordo com o perfil e o objetivo. Para garimpar as boas modalidades de investimento, é preciso responder a algumas perguntas.

QUANTO VOU INVESTIR POR MÊS?
Após realizar o diagnóstico e chegar a um número, você saberá qual é o "preço mensal" do seu novo padrão de vida.

POR QUANTO TEMPO?
Definir o tempo necessário para levantar o capital que vai manter seu orçamento por toda a vida não é um passo opcional. É indispensável.

QUAL É O PERFIL DE INVESTIDOR?
Você pode ter um destes perfis: conservador, moderado ou arrojado. Para descobrir qual é o seu, uma opção é recorrer aos sites gratuitos, inclusive ao da DSOP (www.dsop.com.br), que oferecem esse tipo de teste, composto por algumas perguntas. As respostas possibilitam avaliar o caráter financeiro e apresentar, de acordo com objetivos mais personalizados, um ou mais tipos de investimento que ofereçam vantagens.

QUAL É O GRAU DE CONHECIMENTO SOBRE INVESTIMENTOS?
A rentabilidade do dinheiro aplicado está diretamente atrelada ao grau de conhecimento sobre o produto em que se investe. Criou-se a ideia de que investimentos são uma verdadeira loteria, de que se perde ou se

ganha muito. É importante ressaltar que isso não passa de lenda urbana, uma história contada na maioria das vezes por instituições financeiras a fim de amedrontar futuros investidores e mantê-los presos, comprando produtos como título de capitalização, que não podemos considerar um investimento, já que a remuneração é apenas para os três primeiros meses de aplicação e ele perde em rentabilidade até mesmo para a poupança.

Quanto ao tema investimentos, o que se deve ter em mente é: quem conhece muito ganha muito; já quem pouco sabe pouco ganha. Imagine que uma criança de três anos vai atravessar uma rua movimentada. A probabilidade de ser atropelada é altíssima. E se um adulto de 30 anos atravessar a mesma rua? O resultado não é diferente no mundo dos investimentos. Como a criança sabe pouco, os riscos aumentam. Mas quando o investidor aumenta o seu nível de conhecimento, o risco de dar errado cai exponencialmente. Para isso, recomendo a leitura de boas obras e a participação em cursos e treinamentos. São boas maneiras para se ampliar o campo de visão, pois o conhecimento, por si só, já se mostra um excelente e incomparável investimento.

Não espere mais para entrar nessa caminhada. O futuro não é amanhã, e sim hoje. Enfrente as dificuldades que se apresentarem e saiba que a força de vontade, a determinação e a fé tornam tudo possível. Deixo um derradeiro pensamento e convido você a fazer contato, especialmente se os três elementos que guiam a minha vida guiarem também a sua:

A paz com um passado que talvez tenha ignorado a educação financeira; a ação de um presente disposto a mudar e, em vez de destruir, construir; a alegria de um futuro marcado por sonhos realizados.

Lembre-se:
"Para se tornar grande é preciso andar com gigantes."

"Em minha trilha de conhecimento, pessoas experientes mostraram que o aprendizado nada vale se não for aplicado e compartilhado com o próximo."
Jusivaldo Almeida dos Santos

JUSIVALDO ALMEIDA DOS SANTOS

Sou sócio-fundador da JSANTOS Consultores Associados – consultoria especializada em fundos de pensão. Contador, educador financeiro e previdenciário, sou vice--presidente da ABEFIN (Associação Brasileira de Educadores Financeiros) e consultor e conselheiro de fundos de pensão. Mestrando em educação financeira pela FCU (Florida Christian University), com pós-graduação em educação e coaching financeiro. Mentor e editor, tenho um blog e um canal no YouTube, o *Dinheiro & Futuro – Finanças e previdência para você*.

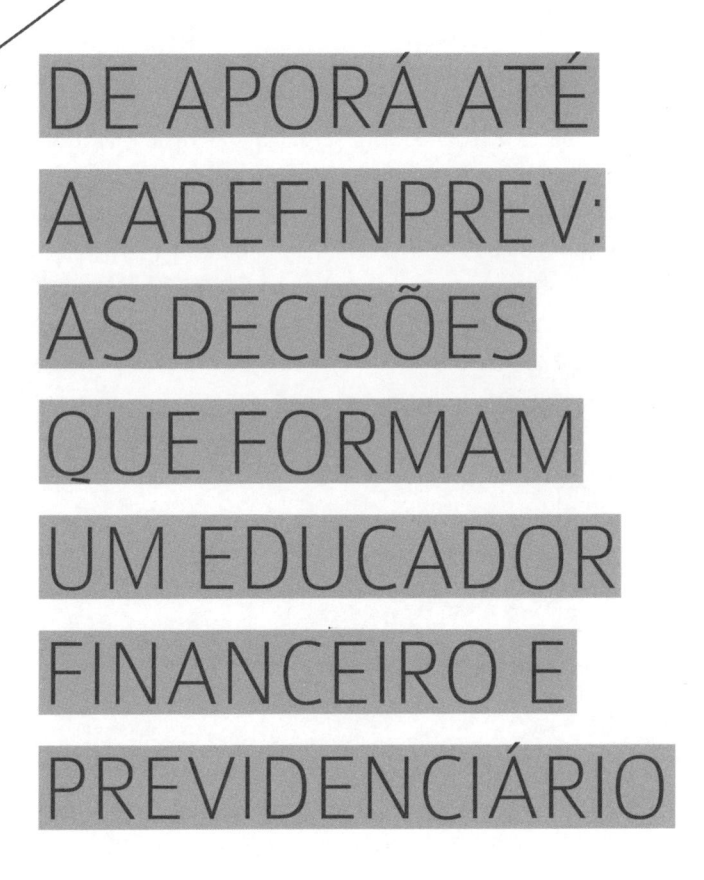

DE APORÁ ATÉ A ABEFINPREV: AS DECISÕES QUE FORMAM UM EDUCADOR FINANCEIRO E PREVIDENCIÁRIO

Apresento a história da formação de um educador financeiro e previdenciário no Brasil. Nas próximas páginas, você verá como algumas "decisões econômicas" – conceito da psicologia econômica que se refere a recursos escassos, como tempo e dinheiro –, tomadas desde a década de 1970, moldaram a vida de um profissional que hoje se orgulha por contribuir para a modelagem do plano de previdência da ABEFIN (Associação Brasileira de Educadores Financeiros).

Afirmo que para você, leitor, não será difícil se identificar com trechos desta história, que narra a busca pela independência financeira, e principalmente com as lições quase universais, extraídas de cada fase da vida. Poucos como eu nasceram no pequeno município de Aporá, interior da Bahia, e se mudaram na primeira infância para a capital paulista. Mas todos, como eu, herdaram o DNA financeiro dos pais, do qual derivaram seus hábitos iniciais relacionados ao dinheiro e ao rumo de suas vidas.

O INÍCIO

Foram inúmeras as dificuldades enfrentadas por meus pais desde que tomaram a corajosa decisão econômica de migrar definitivamente para São Paulo, em busca de vida melhor, nos idos de 1970. Aos dez anos, a escassez financeira me levou a buscar trabalho fora. E, a partir de então, fiquei praticamente responsável por prover recursos para a minha escolaridade.

A experiência da infância e da juventude modelou os meus primeiros conceitos de educação financeira: o hábito de poupança para a realização de sonhos, a tentativa de diversificação de renda por meio do empreendedorismo, a consciência do custo de vida na cidade grande, a necessidade de proteção contra a inflação e a procura por conhecimento para sobressair no mercado. Assim, poderia me tornar uma pessoa melhor, capaz de compartilhar o aprendizado com quem necessitasse dele.

INVESTIMENTO EDUCACIONAL

Aos 20 anos, realizei o sonho que mudaria minha vida profissional para sempre. Comecei a trabalhar em uma grande empresa de comunicação, o Grupo Abril, em que permaneci por mais 20 anos. Ali, em 1993, candidatei-me, em processo interno de seleção, a uma atividade nova e desconhecida para mim. Decidi integrar o time que implantaria o fundo de pensão – o plano de previdência privada – dos funcionários do grupo. Iniciava ali a carreira que me tornaria especialista na área e, anos depois, gerente do fundo de pensão.

A entrada no segmento da previdência privada me conduziu a uma nova decisão econômica: finalizar a primeira formação superior em ciências contábeis. Para conciliar o alto investimento com as despesas da vida de casado e do nascimento de meu filho, Nicolas, em 2000, financiei metade do curso pelo programa estudantil do governo. Serve como reflexão: desistir jamais pode ser a escolha de quem pretende alcançar a independência financeira.

Nessa época, com a clareza da opção profissional pelo segmento também conhecido como previdência complementar, iniciei a construção da trilha do conhecimento. Em meu plano de estudos, continuados até hoje, mapeei congressos, seminários, palestras e cursos, todos com participação presencial, pois era raro o ensino a distância. De novo, altos investimentos exigiram planejamento, estratégia e prudência. A empresa cobria uma parte, e o restante era suportado por mim, pois ali eu já havia decidido não fazer economia burra.

A formação continuada na área também me levou a participar da vida associativa, e ingressei pela primeira vez em uma entidade, a Associação

Brasileira das Entidades Fechadas de Previdência Complementar (ABRAPP). As cinco maiores consultorias do setor também ofereciam eventos gratuitos; assim, comecei a formar um dos meus maiores ativos até hoje: networking. Busquei cursos de especialização em economia, finanças corporativas, investimentos, mercado financeiro, gestão administrativa, governança, controladoria, atuária, comunicação e gestão de riscos para fundos de pensão. Foram anos de procura por conhecimento em instituições como FGV, Fipecafi, UniAbrapp, Ancep e B3, a antiga BM&FBovespa.

Ao fim de cada evento de que participava sob o patrocínio da empresa, precisava fazer um sumário executivo aos diretores do fundo de pensão. Mais um desafio a superar. Como criar um *report* para o alto executivo da empresa? Qual formato? Por onde começar? Busquei rapidamente um curso em técnicas de redação e apresentação de materiais para reuniões executivas. Ufa, deu certo.

EXPERIÊNCIAS COMPARTILHADAS

Em minha trilha de conhecimento, pessoas experientes mostraram que o aprendizado nada vale se não for aplicado e compartilhado com o próximo. A partir disso, adotei o princípio de compartilhar e trocar experiências com os meus pares. Nasceria o Grupo de Profissionais de Fundos de Pensão (GPFP), em 2005, a partir do encontro de profissionais que representavam cinco fundos de pensão patrocinados por empresas privadas.

O foco era conhecer a cultura, as diferenças de carreira e de benefícios, e entender como cada um lidava com os desafios de aplicar as leis e as orientações das empresas. Eleito coordenador do grupo até a saída, em 2011, me tornei consultor e prestador de serviços. Com satisfação, vi que havia deixado um grupo forte e reconhecido no mercado, contando com 28 fundos de pensão e um patrimônio total de R$ 25 bilhões.

Com um sonho concluído, tenha outro em mente, coloque-o no papel e seja feliz. Não deixe de envolver a família, pois eles também irão contribuir com dinheiro, paciência ou ao aguentar a saudade das horas em que você não estará por perto. A cada sonho realizado, comemore com eles.

Desde 2010, os dirigentes de fundos de pensão precisaram obter certificação, habilitação e qualificação de instituições competentes. Preparei o processo e o submeti ao Instituto de Certificação dos Profissionais da Seguridade Social (ICSS) e à Superintendência Nacional de Previdência Complementar (Previc). Fui aprovado! Estava entre os primeiros executivos certificados no Brasil, podendo atuar em diretoria ou conselho de fundos de pensão. Essa foi mais uma decisão importante para o futuro. Hoje sou consultor e conselheiro. Valeu a pena!

MINHA CONSULTORIA

Finalmente, o maior dos desafios. Eu mal imaginava como o reconhecimento do mercado seria valioso apenas um ano depois. Em 2011, aos 41 anos, fiz um acordo com a diretoria do fundo de pensão e decidi que tinha chegado a hora de constituir minha empresa de consultoria. Assim nascia a JSANTOS Consultores Associados para atender aos fundos de pensão, empresas e pessoas físicas. Iniciava-se ali a jornada mais difícil e importante de minha vida.

Naquele momento, a única certeza se resumia ao segmento em que eu atuaria, assim como os meus conhecimentos e experiências, que as empresas ou pessoas físicas poderiam comprar. Eu ofereceria ajuda para diagnosticar, formular e entregar possíveis soluções aos problemas existentes ou para a mitigação do risco de o problema aumentar no futuro. Para mim, estava claro que eu tinha soluções para pessoas e empresas, mas não sabia exatamente como transformá-las em produtos. Nessa fase crucial, contei com a preciosa orientação de um "consultor de consultores". Foi um divisor de águas. E compartilho, a seguir, alguns aprendizados para quem deseja iniciar sua carreira empreendedora.

1. Contrate um consultor empresarial. Você precisará de um profissional que tenha credibilidade baseada em experiência e atestada pelo mercado. Ele ajudará a construir seu plano de negócios e, principalmente, a colocar foco em suas principais qualidades e em conhecimentos que comporão os seus produtos. Faço aqui uma homenagem à Matilde Berna, consultora de carreira, e ao Dino Mocsányi – in memoriam –, consultor empresarial, amigo e coautor de livro, por quem pude ser assessorado.

2. Tenha um plano de negócios. A depender do seu negócio, o plano não precisa ser complexo. No caso do consultor empresarial, na maioria das vezes, o produto é seu conhecimento, são suas experiências. Mas existem itens e análises que não podem faltar, como pesquisa de mercado, produtos concorrentes, plano de marketing, política de preços, que tipo de empresa abrir, ter sócios ou não, a fonte de capital da empresa e, principalmente, o plano financeiro, ou seja, por quanto tempo a empresa pode aguentar até a chegada do primeiro cliente.

3. Contrate um contador capacitado para abrir a empresa. Entregue a ele o plano de negócios para que indique a classificação da empresa a ser aberta, o modelo de sociedade e os melhores regimes fiscais e tributários para o seu negócio. Não faça economia burra nesse momento. Delegue e dê atenção ao produto que está em construção.

4. Saiba quanto cobrar por hora do serviço ou por projeto. Esse deve ser o maior desafio no início do negócio: quanto cobrar? Minha orientação é que tenha uma tabela de honorários e que, no mínimo, reflita sobre o seu padrão de vida ajustado ao momento de início da consultoria e sobre aquele que você deseja após o amadurecimento do negócio. Lembre-se: você tem contas a pagar, fixas e variáveis, tanto suas como da empresa. Logo, a remuneração da hora de trabalho deve refletir tudo isso, acrescentando sua margem de lucro para reinvestir no negócio e retirar o pró-labore. Em geral, cobrar por hora só é aplicável a consultores que atendam diretamente pessoas físicas. Para as empresas, o consultor trabalha, quase sempre, por projeto. Ou seja, você venderá soluções, e não horas de trabalho.

5. Quais serviços oferecer ao mercado. Todo negócio tem um produto-alvo a ser testado pelo mercado. No meu caso, após lapidar tudo com o meu consultor empresarial, lancei a consultoria com três serviços: comunicação; educação financeira e previdenciária; governança. O importante é que reúno conhecimentos sobre as três matérias, e todas atendem à demanda do mesmo segmento – fundos de pensão. Além disso, não atuo sozinho. Tenho sócios nos projetos, fortalecendo a marca e criando produtos com receitas recorrentes nas três áreas de atuação, agindo conforme a demanda do mercado.

6. A importância do constante aperfeiçoamento. Para alcançar sucesso na carreira de consultor empresarial, é fundamental estar atualizado sobre os temas de interesse da área, sobre oratória e sobre apresentação em público, sem esquecer o aprimoramento nas áreas de gestão de negócios, novas tecnologias e mídias sociais. O melhor e maior investimento que fiz – e ainda faço até hoje – é o conhecimento. Faço cursos novos todos os anos e invisto parte do meu lucro nisso. Os problemas dos clientes mudam, e você deve estar preparado para eles. Sem aprender algo novo a todo instante, tenha a certeza de que sucumbirá. O fato é que, a cada curso, me torno melhor e mais competitivo. Com isso, mais bem remunerado e reconhecido pelo mercado. Sugiro que tenha em sua agenda, em seu plano de estudos continuado, a realização de cursos online e presenciais. Participe de eventos, leia muito e assine publicações relevantes.

7. Apareça e cresça. Você, como consultor, precisa ser conhecido e "encontrável". Para isso, é necessário investir em marketing pessoal no blog, no site da empresa ou nas mídias sociais. Acredite, você precisa ter um plano de ação e investimento para esses canais. E saiba que eles consomem tempo e conhecimento para alimentá-los. Fui criando estratégias e ações que me tornassem um consultor ativo, ministrando palestras e cursos, produzindo artigos para clientes, sites de parceiros e jornais impressos, aceitando entrevistas em rádios e emissoras de televisão e criando artigos e vídeos para meu blog e para meu canal no YouTube, o *Dinheiro 8 Futuro – Finanças e previdência para você*. Essas ações, em conjunto, farão com que você e sua consultoria sejam vistos como autoridade na área de atuação e estejam prontos para crescer.

A DESCOBERTA DA DSOP

Um dos pilares da JSANTOS Consultores é a educação financeira e previdenciária. Nós desenvolvemos e executamos programas para empresas e fundos de pensão, aplicando a nossa metodologia Ciclo de Vida. Eu ministro cursos e palestras de finanças pessoais e investimentos, também de forma voluntária para escolas, igrejas e outras organizações sem fins lucrativos. Em 2011, levei meu filho Nicolas, com 11 anos, ao evento inaugural de finanças da JSANTOS Consultores Associados. Mas, em 2013, um fato mudaria a minha forma de ver e aplicar as finanças pessoais. Nicolas cursava o Ensino Fundamental e passaria a participar de um programa de educação financeira com base em livros da Coleção DSOP de Educação Financeira – uma adaptação didática da **Metodologia DSOP**, desenvolvida pelo educador e terapeuta financeiro Reinaldo Domingos. Os livros contemplam os quatro passos da **Metodologia DSOP**, que visam desenvolver no aluno competências fundamentais para lidar, de forma segura e consciente, com as questões financeiras:

- Saber Diagnosticar;
- Saber Sonhar;
- Saber Orçar;
- Saber Poupar.

Li apenas um dos livros para ver do que se tratava e ali percebi que o autor havia plantado uma importante semente na cabeça de meu filho. Reinaldo Domingos havia conquistado minha admiração e passei a ter curiosidade por conhecê-lo em pessoa. Quis o destino que isso não fosse difícil. Eu era frequentador da Expo Money, um dos maiores eventos de educação financeira da América Latina, e Reinaldo Domingos palestraria naquele dia. Inscrevi-me na palestra e, ao fim dela, encarei a fila de uma hora para conseguir um autógrafo no livro *Terapia financeira*. Trocamos cartões e, um mês depois, o autor passaria a ser meu professor e irmão de missão até os dias de hoje.

A partir de outubro de 2013, eu me dedicaria a entender melhor e me especializar em educação financeira, que vem antes das finanças pessoais e dos investimentos no mercado financeiro. Fiz o curso DSOP de Educação Financeira e tornei-me educador financeiro com base nessa metodologia forte, aplicada no Brasil e em vários outros países. Estudar é necessário e, por isso, não parei mais. Em 2015, concluí a pós-graduação em Educação Financeira DSOP no Brasil, com extensão em Portugal. Meses depois, um novo curso me credenciou como terapeuta financeiro. Com mais sede de conhecimento, rumei ao título de mestre em administração e educação financeira pela Florida Christian University (FCU), em Orlando, nos Estados Unidos. A decisão de aprimorar tanto a bagagem acadêmica e cultural tem um objetivo central: atender pessoas físicas e suas famílias com excelência, propiciar-lhes o domínio do comportamento em relação aos seus recursos financeiros e levá--las à saúde financeira para a realização de propósitos e sonhos.

O APOIO DA PSICOLOGIA ECONÔMICA

Queria ainda entender a fundo como as pessoas, as sociedades e os governos tomam decisões econômicas em diferentes situações durante o seu ciclo de vida, muitas vezes de forma inconsciente ou inconsequente. Essa curiosidade levou-me até a psicologia econômica. E uma questão surgiu: onde e com quem poderia estudar? Em minhas pesquisas, surgiram três nomes.

Escolhi dois que simplesmente ganharam o Prêmio Nobel de Economia: em 2002, Daniel Kahneman, psicólogo e teórico da economia comportamental, a qual combina economia e ciência cognitiva para explicar o temerário comportamento do ser humano sobre o tema gestão de risco. Em 2017, Richard H. Thaler, economista que estuda economia comportamental e finanças com interesse especial pela psicologia da tomada de decisões.

Só pude, porém, comprar livros deles, e eram de difícil compreensão. Faltava alguém para abordar o assunto sob a nossa perspectiva local. Nesse cenário, surgiu o terceiro nome, Vera Rita de Mello Ferreira, doutora em psicologia social com tese sobre psicologia econômica, consultora independente de psicologia econômica e educação financeira.

Bingo! Encontrara minha fonte no Brasil e frequentaria mais um curso de especialização com vasta carga horária na B3, antiga BM&FBovespa. Com a professora Vera Rita, tenho entendido melhor a relação entre a psicologia econômica e a educação financeira, a tomada de decisão e o funcionamento mental. Também tenho compreendido como as emoções influenciam os indivíduos e os grupos.

PASSOS PARA O FUTURO

Embora eu vislumbre muitos anos de batalha pela frente, penso que, no mundo corporativo, sobretudo para os profissionais do segmento de fundos de pensão, já deixo um legado sólido: a criação do grupo de profissionais sem fins lucrativos, com foco na troca de experiência, por exemplo. No segmento da educação financeira, como vice-presidente da ABEFIN, atuo na constituição de seu plano de previdência complementar – ABEFINPREV –, que será um legado aos associados e seus familiares, em apoio ao planejamento financeiro para a aposentadoria sustentável das gerações atual e futura.

Quando penso em meus clientes, pessoas físicas ou empresas, entendo que o legado é validado quando recebemos o depoimento dos participantes ou dos contratantes sobre a promoção do bem-estar social e financeiro dos programas de educação financeira e previdenciária – implementados por mim e pelos consultores associados da JSANTOS – que, de uma forma ou outra, construíram a história da nossa consultoria.

Finalizo com agradecimentos especiais: ao meu amigo, parceiro, escudeiro de longa data, o jornalista Kei MarcosTanaami; à minha sócia na empresa e na vida, minha mãe Elza Almeida. E não poderia deixar de citar Sueli Moreira, mãe de meu filho Nicolas Almeida, hoje assistente da JSANTOS e investidor do mercado financeiro desde os 16 anos. Isso me deixa duplamente orgulhoso, primeiro como pai e, depois, como educador financeiro e previdenciário que sou.

Lembre-se:
Prepare-se e tenha boa sorte nos negócios e na vida!

"O hábito de poupar, adquirido na infância e na adolescência com a administração da mesada e dos complementos de renda, também me proporcionou uma experiência de autoconfiança."

Marielle Gomes

MARIELLE GOMES

Sou psicóloga e educadora financeira. Casada e mãe de duas filhas, aprendi desde cedo viver a experiência da mesada na infância e na adolescência, o que me possibilitou a realização de diversos sonhos bem vividos e de outros mais que ainda vou realizar. Profissionalmente falando, acredito que a experiência da educação financeira me fez entender o trabalho como uma relação de parceria. Entrego um bom serviço e ganho por ele para realização dos meus objetivos. Hoje, sinto que o mercado precisa da reciprocidade entre prestadores e clientes para que todos sejam mais completos e felizes. Mesmo com hábitos financeiramente saudáveis, a DSOP me fez capaz de entender o conceito da independência financeira e os benefícios que podia trazer para minha vida. Considero-me hoje mais realizada e completa por priorizar meus sonhos.

O PODER DA RECIPROCIDADE

Em minha vida, o tema da independência financeira começou aos dez anos de idade. Meu pai, apesar de empresário bem-sucedido, nunca deu moleza aos filhos. Lembro-me, ainda criança, de quando ele dizia que eu tomaria conta dos negócios dele, o que considero ter sido um reforço bastante positivo para o desenvolvimento das minhas capacidades.

Sempre gostei de conquistar coisas sem ficar pedindo nada para ninguém. Nesse tempo, ganhava semanada, e o valor era para gastar em lanches na escola. Optava por levá-lo de casa, o que possibilitava poupar para os desejos infantis. Um dia, na quinta série do Ensino Fundamental, tive a ideia de comprar uma caixa de chocolate e revendê-la aos colegas na sala de aula. Foi muito legal; vendi tudo rapidamente e percebi que com esforço poderia multiplicar o dinheiro. Desde então, busquei meios de fazê-lo. Nas férias, viajava com certa frequência e aproveitava para trazer alguns mimos para serem vendidos às amigas. Nos tempos de faculdade, vendia para a cantina bolos recheados, os quais eu mesma produzia. Todos adoravam e reforçavam minha iniciativa com palavras de afirmação.

O tempo passou e me formei em psicologia. A minha paixão foi pela área da psicologia organizacional, o que confirmava as habilidades comerciais reforçadas por meu pai. Do estágio não remunerado em que fui aceita, saltei para a admissão como psicóloga, e vieram os primeiros frutos da formação.

Comecei também a prestar serviços terceirizados e a conquistar espaço profissional. A partir daquele momento, já não precisaria mais do dinheiro do meu pai. Para ele, a ação marcaria a reciprocidade, um reconhecimento por tudo o que fizera por mim. E para mim seria um excelente motivo para continuar a buscar a independência financeira. Assim funciona o poder da reciprocidade: se recebi o que havia de melhor em educação familiar e orientação financeira, não posso sossegar enquanto não encher de orgulho o coração daqueles que me deram uma espécie de bússola para a minha autonomia, como foi em relação a tudo o que aprendi em casa.

O hábito de poupar, adquirido na infância e na adolescência com a administração da mesada e dos complementos de renda, também me proporcionou uma experiência de autoconfiança. Já acumulava recursos na caderneta de poupança, enquanto as amigas que também recebiam mesada nem sequer conseguiam guardar dinheiro para um lanche.

Em 2008, abri uma empresa de prestação de serviços, porque precisava emitir nota fiscal aos clientes de consultoria. Achei que seria muito simples e, logo de primeira, me deparei com as despesas para a abertura, além de novos gastos com contador, impostos, materiais de escritório, entre outros. Pouco tempo depois, surgiu a necessidade de investimento para tornar a empresa conhecida e foram necessárias várias ações para o negócio deslanchar. Dos gastos aos investimentos, me senti intimamente grata pelo hábito de ter construído as reservas que agora me ofereciam alguma segurança diante dos riscos.

Pelo tamanho da empresa, achei que me lembraria dos dados e, por isso, não precisaria de um sistema de gerenciamento. Engano meu. Fiquei impressionada com os custos e gastos tributários, o que me fez ficar atenta e alerta aos dados. Até ali, não imaginava o quanto eram importantes esses dados para a devida tomada de decisão. De imediato, comecei a registrar cada gasto em uma planilha, que continha as seguintes informações: data, descrição, valor e forma de pagamento. Novamente, a experiência da "mesada" me dava uma maior segurança sobre o controle de gastos e o gerenciamento financeiro do negócio. Ao fim do mês, a conta tinha de ser positiva e com dados que me dessem informações para as decisões.

A questão central era que eu ainda não tinha plena consciência sobre algo muito relevante: o objetivo da poupança acumulada. Simplesmente guardava, sem um propósito definido. Em 2014, tive a oportunidade de conhecer a DSOP Educação Financeira e, por meio dela, tomar conhecimento da verdadeira motivação para poupar. Entendi que não fazia sentido apenas reter dinheiro e que o esforço dos poupadores deveria ser recompensado. Aprendi também que poderia fazer mais e melhor se o comportamento tivesse um objetivo claro e preciso, inspirado pela definição de sonhos, com valores específicos e prazo para a realização.

Foi como se a maçã de Newton caísse sobre a minha cabeça. Poupar para quê? Realmente não fazia sentido possuir uma conta no banco com dinheiro reservado e não ter sonhos atrelados a ela. Foi um divisor de águas para minha vida e, a partir daí, os esforços aumentaram bastante, inclusive quando estabeleci a data para o meu grande sonho: a independência financeira. Sinto prazer em ver uma coisa em uma vitrine e, apesar de ter o dinheiro, não comprá-la. O olhar sobre um objeto de consumo é diferente quando a conta está vazia ou negativa. É uma mistura de desejo com insatisfação pela situação financeira.

A identificação com a **Metodologia DSOP** foi tanta que decidi tornar-me franqueada pelo estado do Piauí. Foi tudo muito rápido e, quando percebi, já me vi representando algo em que sempre acreditei: a educação financeira das pessoas, a começar pela fase infantil.

A tudo o que vivenciava, agora era acrescentado o propósito da realização dos sonhos. Implantamos o conceito da metodologia e seus materiais em mais de 40 escolas particulares de Teresina, levando a educação financeira até a formação de crianças e adolescentes. Tenho muito carinho por esse trabalho, pois sei o quanto agrega e contribui para o futuro piauiense. Além disso, também trouxemos para a região muitos eventos, como cursos abertos, palestras, terapias, treinamentos empresariais e outras ações educativas.

Nas empresas, recebi um carinho especial e sempre acreditei que o comportamento organizado e bem projetado das finanças na empresa deve ser prioridade para o bom andamento de uma organização. Tive a oportunidade de ser gerente de uma empresa com essa consolidação financeira, o que só fez reforçar a minha hipótese. A conduta do dono fez com que a empresa dele também fosse financeiramente organizada. E assim, aos poucos, fui constatando uma realidade...

"Dinheiro não aceita desaforo", já dizia o mentor da **Metodologia DSOP**, Reinaldo Domingos. Ou você o respeita, ou será surpreendido por situações desagradáveis tanto na vida profissional como na pessoal. Não respeitar o dinheiro significa não respeitar os sonhos, ou seja, não respeitar a si mesmo.

O dinheiro é apenas um meio para realização de sonhos, e não um fim. Simboliza ainda o benefício por um esforço realizado, chamado de trabalho, o qual todos realizamos porque precisamos e desejamos alcançar os sonhos.

A empresa não deve ser vista como sonho, mas, sim, como um meio de ganhar dinheiro para realizar sonhos. Por isso, deve ser muito bem administrada e levada a sério. Os seus resultados, sob tal perspectiva, têm papel fundamental na vida de quem a criou. É necessário que os gastos sejam registrados por tipo de despesa e avaliados constantemente, evitando que o lucro seja desperdiçado sem necessidade. Também é preciso ter metas, ou seja, sonhos, para que todos saibam dos esforços necessários para o alcance. O registro dos dados é salutar para a tomada de decisão e o sonho (meta), quando bem definido, faz parte da motivação dos esforços para a conquista.

Vejo muitos que desejam abrir uma empresa e ter sucesso dizendo por aí que são empresários. Assim como há de se treinar para aprender a dirigir, para ser empresário é necessário saber lidar com o dinheiro e até mesmo respeitá-lo.

O comportamento financeiro de uma empresa é o reflexo das atitudes do dono em relação ao dinheiro. As normas e os procedimentos evidenciados vêm de seu exemplo e acompanhamento. Ou, na pior das hipóteses, na ausência desse bom exemplo, o descontrole nas tratativas do CPF alcança o CNPJ, e o caos das dívidas pessoais se torna o caos das dívidas da empresa.

Além do comportamento financeiro da empresa, também devemos considerar o dos colaboradores. Não há graça alguma em acabar o mês sem dinheiro e não sobrar nada para os investimentos, sonhos, férias futuro de filhos.

Alguns empresários ainda não despertaram para uma realidade: quão capazes são de influenciar a produtividade e a vida das pessoas. Existem empregadores que investem nos funcionários, oferecendo, por exemplo, planos de saúde e dental e vale-alimentação, mas deixam de cuidar de uma coisa que é relevante: a paz do colaborador para trabalhar e a felicidade de poderem realizar seus sonhos com o fruto do trabalho.

Ao entrar em férias, por exemplo, não se esqueça de agradecer a Deus pela oportunidade de ter um emprego e de poder desfrutar das coisas boas da vida. Mas como fazer isso se o colaborador está com um oficial de justiça na porta dele? Cuidar da saúde financeira dos colaboradores tem sido o grande diferencial de algumas empresas e ainda contribui para um aumento de produtividade, favorecendo a organização. Este é o poder da reciprocidade que defendo no título: o empresário investe, educa, forma pessoas mais conscientes e recebe delas o merecido retorno. À medida que evolui, a pessoa enxerga os frutos de seu trabalho bem realizado, dá o seu melhor, valoriza o emprego e a empresa. O contrário disso é o que, com certa frequência, se encontra por aí: empresas que empregam meros executores, cumpridores de tarefas, batedores de cartão e reclamantes de salário.

Uma autossabotagem comum do ser humano é culpar o outro por seu insucesso. Uma pessoa justifica que não comprou o carro planejado porque tinha de pagar o curso do filho. Mas não se lembra de que era desorganizada e gastou sem pensar ou preferiu viajar, por exemplo. A culpa é do filho, ou seja, do outro. Um funcionário culpa a empresa pela situação financeira dele. E quanto mais endividado, mais mal remunerado se acha. Consequentemente, a insatisfação cresce, a produtividade cai e, à medida que a porta da rua (demissão) se aproxima, as chances de uma possível promoção se distanciam. Um círculo vicioso perigosíssimo.

A educação financeira deve ser uma atividade frequente nas ações de qualidade de vida da empresa. São muitos os exemplos de mudança de perspectiva do colaborador após se educar financeiramente. Um deles, chefe de fila – profissional de restaurante que direciona o cliente até a mesa reservada – com 14 anos de empresa, comenta que, de todos os investimentos feitos pela empresa, destaca o da educação financeira como o mais importante em sua vida e relata ainda que, após esse trabalho, não vive como antes, quando estava sempre preocupado com as contas e as dívidas. O chefe se lembra de que todo ano, em suas férias, precisava pedir dinheiro emprestado para suprir as necessidades de que sempre era um sofrimento voltar ao trabalho sem dinheiro. Hoje, vive alinhado com os sonhos e os propósitos de vida e ainda consegue ter dinheiro poupado. Então, cabe uma pergunta: como seria a vida de cada brasileiro que, a exemplo do profissional em questão, se educasse à luz das finanças?

Tive surpresas muito agradáveis ao promover esse despertar. Na implantação de um projeto batizado de PEFIN (Programa de Educação Financeira), voltado para gestores, a maioria deixou de ser endividada e passou a ter comportamentos de investidor. Esse programa permite ao gestor lidar bem com as questões financeiras de sua vida e, consequentemente, orientar o liderado a fazer o mesmo. Afinal, o gestor é o principal educador e orientador de sua equipe.

Quando o colaborador não cuida do que é seu, tampouco vai cuidar daquilo que é da empresa. Hábitos e comportamentos repetidos, comuns na vida pessoal, se refletem no trabalho. Veja um exemplo interessante:

uma pessoa que costuma desligar as lâmpadas em casa por se preocupar com a conta de energia reproduz a ação conscientemente na empresa, já que é um hábito natural. Por outro lado, se na casa dela não há esse hábito, na empresa muito menos haverá, pois quem paga a conta é o empresário. Vale destacar que o comportamento não é proposital ou por maldade, mas por hábito e falta de capacitação quanto ao tema.

Em algumas empresas, organização financeira é pré-requisito para contratar o profissional de gestão, pois se acredita que, se ele cuida do que lhe pertence, por efeito cuidará bem do que é da empresa.

Um dos ensinamentos que a DSOP traz em seu propósito é o motivo claro, objetivo e mensurado que o leva ao esforço comportamental. É comum ver as pessoas não valorizarem o que têm, sobretudo se a posse chegou de maneira fácil ou em abundância. Um *case* de sucesso realizado em uma empresa do ramo hoteleiro foi a valorização de alimentos que antes eram desperdiçados. Os bolos e os salgados, antes oferecidos gratuitamente, muitas vezes se estragavam. Com uma ação para evitar o cenário e o comportamento de desvalorização por parte do colaborador, resolvemos deixar de servi-los com o almoço. E, caso alguém se interessasse, serviríamos não mais de forma gratuita, e sim com a cobrança de uma quantia que era insignificante em relação ao preço e significativa diante do valor. A partir desse dia, os colaboradores, mesmo pagando, começaram a se interessar pelos mesmos bolos e salgados cujo destino anterior era o desperdício e o lixo. Na ação, o dinheiro dessas vendas era revertido em benefícios para os mesmos colaboradores, como confraternizações e até capacitações. Ficamos muito satisfeitos e concluímos que havia ali um *case* de consciência comportamental e um grande choque de percepção.

A educação corporativa é de grande valia e capacita os colaboradores também para a vida pessoal, e eles passam a valorizar mais tudo o que fazem e recebem da empresa. Ou seja, o poder da reciprocidade entra outra vez em ação.

Infelizmente, a maioria da população não teve a oportunidade da educação financeira em momento algum da vida; nem na escola, nem em casa. Percebo que muitos amigos não se educaram financeiramente por falta do exemplo em casa. Pais endividados; filhos idem. A matemática não mente, e as pessoas fingem acreditar que dinheiro brota, dá cria, que as contas desaparecem, que os credores se esquecem... E não é assim! Muito pelo contrário, elas crescem, provocando uma profunda sensação de sufocamento no endividado. Na sociedade atual, é estimulado o consumismo exacerbado por meio das propagandas e do exemplo dos pais.

A educação financeira promove a realização de sonhos e objetivos de vida. Uma coisa é certa: todos nós, independentemente da profissão ou da função a exercer na vida, precisaremos lidar bem com o dinheiro.

Então, se existe a inevitável constatação de que todos nós precisaremos praticar, na vida inteira, a educação financeira, como entender que o tema ainda não esteja presente no currículo da educação básica, na formação elementar da cidadania? A ausência de inclusão do tema nos órgãos de ensino não pode transpor a fronteira corporativa, e as empresas têm o papel de reeducar os colaboradores.

Pesquisas e estudos comprovam que as pessoas financeiramente educadas são mais felizes, têm mais produtividade no trabalho e são mais autoconfiantes. Como ignorar isso? Nós, terapeutas e educadores financeiros, temos cumprido o papel (que deveria ser também governamental) de trazer o tema para os alunos e também movemos esforços para alcançar e ajudar cada adulto do país. E quanto mais cedo você entender isso, melhor. Quanto mais tarde, estando mais velho, mais necessidades e menos forças para lutar você tem. O pior é lembrar que não poupou nada nos tempos de bonança, de juventude. Sabemos que a reciprocidade justifica esses esforços sem medida.

Enquanto isso, vale refletir: será que faz sentido não participar desse movimento mundial e, sob o pretexto de que educação não é da minha conta, ficar de fora do papel educacional-empresarial?

Eu tenho certeza de que você entendeu o poder da reciprocidade e já sabe a resposta. Vamos juntos de Teresina para o mundo; desde que poupemos e tenhamos sonhos, a distância é curta. Basta nos convidar e estaremos aí para fazer aquilo que nos move: realizar sonhos.

"Uma pessoa escravizada pelas dívidas não encontra tempo nem motivação para sonhar com aquilo que realmente é importante."
Edward Claudio Jr.

EDWARD CLAUDIO JR.

Nasci e cresci em São Paulo. Graduei-me em matemática (1987-1990) e fiz pós-graduação em administração de empresas na Universidade São Judas Tadeu (2002-2003). Abri meu primeiro negócio na década de 1990, na área de informática, e o administrei por 20 anos. Em 2006, na FMU, fiz uma nova pós-graduação em planejamento tributário. Desde 2008, sou educador financeiro pela DSOP e, no ano seguinte, me capacitei pelo IFT, o Instituto de Formação de Treinadores. Também me preparei como coach financeiro no ICF. Ainda pela DSOP, sou pós-graduado em educação financeira. Em dez anos de atuação, realizei mais de 500 palestras e 300 treinamentos/workshops. Recebi certificados Empretec-Sebrae na ANBIMA–CPA10 e *em executive* coach na Net Profit-CAC. Fui diretor financeiro da ABEFIN (Associação Brasileira de Educadores Financeiros) de (2012 a 2017), além de ser coautor dos livros *Soluções financeiras* (ICF) e *Estratégias de alto impacto* (Ser Mais). Sócio da MACRO Treinamentos Corporativos e sócio-idealizador do programa *A chave do sucesso*. Sou voluntário da ONG Amigos do bem.

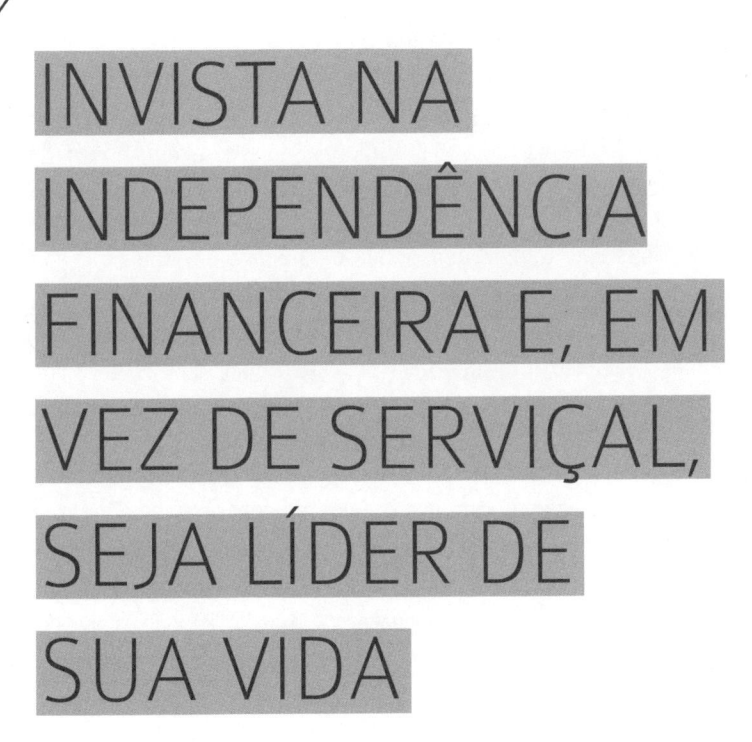

INVISTA NA INDEPENDÊNCIA FINANCEIRA E, EM VEZ DE SERVIÇAL, SEJA LÍDER DE SUA VIDA

A educação financeira é fundamental para que pessoas e famílias liderem a vida financeira com hábitos e comportamentos saudáveis. É assim que, em vez de agir como ou de ser um mero servidor ou escravo do consumismo e das dívidas que não trazem conquistas importantes, o ser humano mantém autonomia nas escolhas.

Uma pessoa escravizada pelas dívidas não encontra tempo nem motivação para sonhar com aquilo que realmente importa. Por isso, cria limitações, vive prisioneira do medo e da dúvida. Durante muitos anos, como sócio e administrador financeiro em uma empresa de informática, acompanhei casos de colaboradores que estavam nessa situação, escravizados pelo consumismo e reféns das dívidas.

Por bastante tempo, pensei que os ajudava por antecipar as férias e o 13° salário, conceder empréstimos ou aumentar salários. Percebi, no entanto, que faltava educação financeira, pois não adianta uma pessoa ganhar mais ou antecipar valores para quitar dívidas sem mudar os hábitos e os costumes.

Comecei a observar como essa situação causa impacto em três aspectos dos mais importantes da vida das pessoas: a saúde, o trabalho e a família. Reflita: como fica a qualidade de vida de qualquer indivíduo com essas áreas comprometidas? A maioria dos colaboradores endividados levava para o ambiente profissional problemas, ansiedades e preocupações. A frequência com que procuravam ajuda era cada vez maior e as dívidas, cada vez mais altas. Alguns faltavam ao trabalho para resolver problemas financeiros, e outros estavam desmotivados. Com a autoestima arruinada, se consideravam incapazes de prover a família. Por efeito, acumulavam mais dívidas e se distanciavam da realização dos sonhos.

Resolvi ajudar de uma forma diferente. Reuni a equipe, expliquei--lhe que não mais "ajudaria" – no sentido de conceder empréstimos ou antecipar férias – e disse que montaria um treinamento de educação financeira para atuar, efetivamente, na causa do problema. Alguns dias depois, um dos colaboradores me trouxe o livro *Terapia financeira*, do autor Reinaldo Domingos, que, "coincidentemente", no dia anterior, havia palestrado na faculdade em ele estudava.

Assim que li a obra, fiquei encantado com a metodologia apresentada: a DSOP – Diagnosticar, Sonhar, Orçar e Poupar. Embasada na experiência de vida do autor, a metodologia, que é comportamental, prioriza a realização dos sonhos de curto, médio e longo prazos, além de dar destaque à independência financeira.

Não tive dúvidas. Em julho de 2008, me inscrevi na primeira formação de Educadores Financeiros DSOP para disseminar a metodologia aos 56 colaboradores sob minha responsabilidade e aos seus familiares. Dois anos depois, resolvi deixar a empresa em que atuava havia 20 anos como sócio e administrador para me dedicar exclusivamente ao trabalho de educador financeiro.

Foram dois motivos principais que me levaram a tomar tal decisão. O primeiro foi a transformação pela qual vários colaboradores passaram, sendo eu o instrumento dessa mudança. Percebi que tinha uma nova missão existencial: transformar a vida das pessoas por meio da educação financeira e mostrar, pela **Metodologia DSOP**, como alcançar os sonhos e atingir a independência financeira. O segundo motivo teve relação direta com o cenário familiar.

No mesmo período, meu pai, contador aposentado, ainda trabalhava em uma empresa e, com mais de 65 anos de idade, foi desligado dela. A partir de então, ele conseguiu, por aproximadamente um ano, manter e pagar as despesas da casa com a aposentadoria e mais uma reserva financeira que tinha. Até que a reserva acabou. Então, ele ligou para mim e para meus dois irmãos e pediu que fôssemos até a casa dele. Quando cheguei, eles já estavam presentes. Ele nos disse que não conseguiria mais pagar as despesas básicas com a aposentadoria e pediu ajuda. É uma satisfação prestar auxílio aos meus pais, pois serei grato eternamente pelo esforço deles para que os filhos estudassem. Nunca mais esqueci, porém, o olhar de tristeza dele ao fazer esse pedido. Meu pai trabalhou por mais de 50 anos – durante a infância, com o meu avô – e não conseguiu alcançar a independência financeira. Isso me fez refletir a respeito de duas questões:

1. O que eu poderia fazer para que outras pessoas não passassem por semelhante situação em um momento tão importante da vida?

2. Como eu poderia contribuir para que as pessoas pudessem alcançar a independência financeira e a aposentadoria sustentável?

No Brasil, infelizmente, apenas uma diminuta parcela dos nossos aposentados é financeiramente independente. Segundo o IBGE (Instituto Brasileiro de Geografia e Estatística), apenas 1% dos aposentados encontram-se nessa posição; 46% dependem de parentes; 28% de caridade; e 25% precisam continuar trabalhando por necessidade. Por isso, decidi ampliar a minha ação como educador financeiro e, desde 2010, tenho me especializado no tema, realizando palestras, cursos, workshops, sessões de coaching financeiro e atendimentos individuais e familiares. Com o uso da **Metodologia DSOP**, demonstro a importância de definir e planejar os sonhos de curto, médio e longo prazos. Insisto que a independência financeira deve ser planejada o quanto antes para ser alcançada a longo prazo, mas de forma consciente e sustentável.

Em 2018, completo dez anos de atuação. No período, realizei mais de 500 palestras, 300 cursos/workshops. São mais de 22 mil pessoas as quais tive a honra de ajudar. Colhi várias histórias marcantes e comoventes depoimentos. Fiz uma pequena seleção para compartilhar com você, prezado leitor. O objetivo não é mostrar "meus talentos", mas lhe dar inspiração, pois a busca do semelhante talvez seja a sua e o país seria um lugar muito melhor se todos nós tivéssemos educação financeira. Além disso, contra fatos não há argumentos. Se existe um recurso nesta vida que ensina bem mais que a técnica, esse recurso é a história. Cada mensagem que recebo me fortalece a seguir na jornada, e peço sempre a Deus que eu possa ser um humilde instrumento para ajudar pessoas e famílias a transformarem suas vidas.

....

Após realizar um treinamento de oito horas, dividido em duas manhãs, para uma empresa contábil da região do ABC, em São Paulo, recebi um e-mail de uma das participantes que reforçou a minha missão existencial.

> *"Oi, Edward, tudo bem?*
>
> *Já iniciei a leitura do livro e estou anotando todas as despesas diariamente.*
>
> *Aproveitando, gostaria de lhe agradecer pelos dois dias de educação financeira. Nunca havia participado de nada parecido e pude enxergar a importância de poupar um pouco do que se ganha. Não que eu pretenda ficar rica; mesmo sabendo que, se eu começar o quanto antes a poupar, é possível. O interessante é saber que poupando, terei a possibilidade de viver de uma maneira mais confortável e realizar alguns sonhos que eu achava possíveis apenas se ganhasse na Mega-Sena.*
>
> *Antes de ir ao curso, cheguei a pensar que seria uma bobeira, pois sou uma pessoa muito consumista e não conseguiria*

> *largar o vício de gastar em besteiras. Pensava que seria impossível poupar alguma coisa e que o certo seria ter um salário maior. Mas no primeiro dia do curso já vi que estava errada: se não aprender o verdadeiro significado de poupar, quanto mais eu ganhar, mais vou gastar. No segundo e último dia, saí do curso muito satisfeita e acreditando que realizarei mais sonhos, porque aprendi que é possível e que o pouco, com o tempo, se torna muito. Muito obrigada!"*
>
> **Luciana – 27/06/2016**

Outro treinamento de oito horas, que realizei com Lúcia Pastorini, uma grande educadora financeira, para a BASF S/A, gerou o seguinte retorno:

> *"Bom dia, Lúcia e Edward,*
>
> *Da minha parte, as atividades estão em andamento e estou ansioso por concluir os apontamentos de despesas por 30 dias para análise e ajustes necessários. Contudo, já eliminei alguns desperdícios e vou cancelar os cartões de crédito com os maiores custos envolvidos (taxas e seguros). Como tudo aconteceu na hora certa, minha família também comprou a ideia, e agora é uma questão de colocar em prática o que aprendi, com disciplina e persistência. É certo que terei muitas dúvidas na parte de aplicação financeira, mas isso será mais adiante, pois quero concluir os apontamentos de despesas e analisá-los para seguir em frente. Uma coisa é certa: tenho plena confiança na **Metodologia DSOP**. Esse aprendizado foi um presente que recebi e não consigo me conter; estou transbordando com essas informações. Fui contagiado pelo "vírus do conhecimento". Obrigado por tudo!"*
>
> **Nivaldo dos Santos – 28/05/2015**

Um dos retornos mais gratificantes que recebi foi da Izildinha, que me enviou o seguinte e-mail após assistir a uma das minhas palestras:

> "Edward, hoje estou dedicando um tempo para colocar em dia algumas dívidas, e lhe agradecer é uma delas. Foi muito especial ter participado da sua palestra. Nunca mais me esqueci da sua fala sobre entradas, sonhos e gastos. Como estou atenta aos ladrões de sonhos, graças a Deus já observo algumas mudanças nas minhas atitudes. Não perco a oportunidade de divulgar a sua palestra e a suavidade com que você planta sementes nos corações dos que o ouvem.
>
> Às vezes, olho para trás e me lembro das pessoas que fizeram a diferença, e seguramente você deve ser lembrado muitas vezes como alguém que fez a diferença, inclusive para mim, é claro. Desejo que essas lembranças cheguem até você como vibrações de paz, saúde, prosperidade, sonhos e realizações, em todos os segmentos da sua vida. Que Deus o abençoe. Um grande abraço."
>
> **Izildinha Nascimento – 18/02/2014**

As palavras de Simone, que participou de um workshop de quatro horas, representam a importância de envolvermos a família, inclusive as crianças, na construção dos sonhos.

> "Bom dia, Edward! Gostei muito de participar do treinamento e, para mim, foi muito válido, ainda mais por ter dois filhos, o que me fez abrir os olhos para pensar no futuro deles e nos sonhos em família, como as viagens que nunca conseguimos fazer por sempre estarmos endividados. Comecei a ler o livro e a fazer os 30 dias de anotações para o diagnóstico e vou agir para chegar à minha independência financeira. Muito obrigada pelos ensinamentos."
>
> **Simone Ferreira – 23/05/2016**

Aline, uma jovem de 20 anos, encaminhou um depoimento, cuja consciência de ações me chamou a atenção, após participar de um treinamento de oito horas.

> *"Edward e Lúcia,*
>
> *Uma semana após o treinamento, comecei a dar mais valor ao dinheiro. Fui até minha agência bancária, e a previdência que tinha havia dois anos estava rendendo apenas 0,33% [ao mês] e não fazia ideia disso, pois não entendia do assunto. Transferi, então, meu dinheiro para a poupança, rendendo 0,55%, e abri outra previdência, que agora está rendendo 0,6%. Assim eu já garanto dois sonhos. O outro é quitar minhas dívidas, que não são muitas – afinal, só tenho 20 anos –, mas percebi que estava entrando em um ciclo vicioso e, se não tivesse feito o treinamento, em alguns anos minha situação estaria bem mais complicada. Meus sonhos estão definidos e estou envolvendo algumas pessoas nessa nova fase. Estou muito feliz. Agradeço à DSOP e à BASF por terem aberto o caminho para essa mudança. Todas as pessoas deveriam passar pelo seu treinamento. Abraços."*
>
> **Aline Silvestre – 18/07/2014**

O depoimento a seguir veio do interior de Minas Gerais, depois de um treinamento para colaboradores da empresa HOLCIM, em Pedro Leopoldo.

> *"Boa noite, Edward, tudo bem?*
>
> *O levantamento continua firme. A diferença: com o curso, aprimorei as anotações e priorizei sair de todos os financiamentos o quanto antes, quitando por antecipação e cortando juros; porém, assim que os finalizar, vou depositar o valor no CDB e já comecei a olhar o Tesouro Direto. Creio que*

em breve ficarei apenas com o financiamento da casa e sobrará uma boa grana para investir. Já priorizei meus sonhos: os de curto prazo são sair de todas as dívidas e fazer uma viagem de férias. Já iniciei as cotações e pagarei tudo antes da viagem, que será feita até o fim do ano. O sonho de médio prazo será trocar de carro, mas à vista, sem financiar nada. O de longo prazo será minha aposentadoria, ou seja, a independência financeira. Noto que estou muito empenhado e otimista após o curso. Já cortei alguns gastos e estou adequando outros para priorizar os sonhos. O curso ajudou bastante, e já vejo diferença no meu dia a dia. Grande abraço e obrigado!"

Luiz Carlos Vaz – 31/07/2013

Um dos meus atendimentos mais gratificantes foi em 2012, com o casal José e Sueli, à época com 56 anos. Quem me contratou para atendê-los foi a filha deles, Vanessa. Em um primeiro contato, ela disse que precisava de ajuda externa, pois não adiantava mais ajudá-los financeiramente. Os pais não conseguiam sair das dívidas sozinhos. Marcamos um encontro para um sábado na propriedade do casal, e a filha também estava presente, visto que o pai não queria receber ajuda externa, e demonstrou preocupação com a reação dele ao me receber. Na ocasião, até brinquei: "Qual é o tamanho do seu pai?".

No dia agendado, no entanto, Vanessa não estava presente devido a um imprevisto. Quem me "recebeu" foi o pai, que nem me cumprimentou e saiu apenas dizendo à esposa que eu tinha chegado. A dona Sueli pediu desculpas pela recepção nada calorosa do marido. Disse a ela que não havia problema, que já estava acostumado a isso. Ela demonstrava grande ansiedade e começou a apresentar a situação. Fiquei preocupado, pois as dívidas eram muitas e o comprometimento, só com empréstimos consignados, ultrapassava 50% da renda do casal. E, para complicar, ainda pagavam aluguel.

Procurei não demonstrar preocupação e comecei o processo, utilizando a **Metodologia DSOP**. Em determinado momento da conversa, o senhor José retornou, mas ficou afastado da mesa em que estávamos. Deixei as orientações com a esposa, que deveria anotar todas as despesas mensais e fazer um levantamento da situação atual das dívidas. Procurei acalmá-la e passar a confiança de que seria possível sair da situação. Combinamos um prazo de duas semanas para o novo encontro. Quando retornei, o senhor José me recebeu de forma completamente diferente e participou da reunião; inclusive percebi que ele tinha assumido a tarefa de levantar a situação atual das dívidas e estava auxiliando a esposa no processo do diagnóstico. Conversamos sobre quais sonhos gostariam de realizar, e o atendimento foi evoluindo.

Depois de mais duas semanas de levantamentos, analisei as informações e possibilidades e verifiquei que eles precisariam de oito anos para sair das dívidas. Isso me deixou bem preocupado, pois como falaria a um casal com 56 anos que eles levariam quase uma década para pagar todas as dívidas? Liguei e agendei para o mesmo dia uma nova conversa. Quando cheguei lá, quem atendeu foi o senhor José já me chamando de "filho", pedindo que eu entrasse. Que mudança!

A dona Sueli havia preparado um bolo de chocolate (o meu preferido) e me serviu um pedaço dele. Mas eu não consegui comer, não descia. E, sem pensar muito, falei para eles sobre o tempo que levariam para quitar as dívidas. A reação, no entanto, foi surpreendente. Abriram um sorriso, e ouvi as seguintes palavras da dona Sueli:

— Nossa, em oito anos estaremos livres das dívidas. Faz mais de 30 anos que estamos nessa situação!

Foi um alívio constatar a reação deles. Aí sim consegui comer o bolo e tomar um cafezinho especial. Expliquei o que deveria ser feito e como negociar com o banco para consolidar as dívidas em um único empréstimo.

A dona Sueli pediu que eu fosse com eles ao banco para negociar, pois o gerente não era muito amigável. No dia marcado, o gerente deles não estava e quem nos atendeu foi uma outra gerente, que verificou a situação e concedeu o empréstimo de que precisavam. Fiquei muito feliz, porque as coisas estavam caminhando bem para o casal e, depois de algumas semanas de acompanhamento, disse para a Vanessa que estava tudo certo e que, se precisassem de mim, poderiam me chamar. Quase um ano depois, recebi uma mensagem que vale a pena ser compartilhada com você, que também procura a liberdade e a independência financeira:

> *"Querido Edward, nosso anjo.*
>
> *Tudo bem? Pensa que nos esquecemos de você?*
>
> *Nem poderíamos. Você nos ensinou a recomeçar e deu tudo certo. Compramos o nosso apartamento, acredita? No lugar em que sonhávamos, ao lado da casa da nossa netinha Sofie e pertinho do meu local de trabalho. Tudo planejado como você nos ensinou. Estamos com a vida financeira equilibrada, arrumadinha, vivendo sem aquela preocupação horrorosa que não nos abandonava. Ah! Você tem de conhecer a nossa casa. Gostaríamos demais que viesse tomar um cafezinho conosco para contarmos tudo, em detalhes, para você. A Vanessa nos lembra a toda hora: "Mãe, você tem de contar tudinho para o anjo. Ele vai ficar muito feliz!". Então, você vem? Beijos e obrigada por tudo!"*
>
> **Sueli – 02/12/2013**

Um convite dessa natureza não tem preço. Foi uma satisfação muito grande conhecer o apartamento deles e ver a felicidade que irradiavam. Este caso confirmou que a **Metodologia DSOP** e a educação financeira são fundamentais para que pessoas e famílias tenham melhor qualidade de vida.

Com tantos exemplos de pessoas que redescobriram o prazer de viver em favor dos sonhos e propósitos, pergunto:

E para você? O que é independência financeira?

Qual significado você dá para o tema?

Como mudaria ou seria a sua vida se estivesse financeiramente independente?

O que você precisa fazer que ainda não tenha feito para conseguir?

Pense nisso e encontre as respostas. Se tiver dificuldades para alcançar o caminho da independência financeira, faça contato. Será uma grande satisfação ajudá-lo e, quem sabe, no próximo livro que eu assinar, a sua história e a sua vitória também estejam destacadas? Lembre-se das opções que abriram o meu artigo: investir na independência financeira e ser líder da própria vida ou ser serviçal do sistema e dos juros bancários. A primeira opção é o caminho da felicidade; já segunda tem levado incontáveis semelhantes ao indesejável encontro com a depressão.

"Como você viveria se pudesse acordar todos os dias ciente de que haveria dinheiro suficiente para cobrir, além das necessidades básicas, os sonhos, os objetivos e as metas?"
Anderson Gonçalves

ANDERSON GONÇALVES

Sou educador financeiro DSOP, certificado e habilitado desde 2012, apaixonado pela educação financeira e por transformar a vida das pessoas por meio da realização de sonhos, com excelência na mente e no bolso. Casado com Débora Gonçalves e pai de um lindo menino, Arthur Gonçalves, que adora futebol como todo garoto. Nossa família acredita muito na formação familiar educacional com base no amor e na dedicação integral.

Atuo como palestrante e educador financeiro em empresas e em escolas. Sou graduado em matemática, pós-graduado em matemática e estatística. Tenho MBA em gestão financeira empresarial, com mestrado em matemática e estatística, formação em desenvolvimento humano com certificação internacional pela Holos Desenvolvimento Humano. Membro da ABEFIN (Associação Brasileira de Educadores Financeiros). Atuo como professor dos programas de MBA em gestão financeira e controladoria, gestão empresarial e gestão de pessoas.

Tenho como propósito de vida ajudar a gerar prosperidade para as pessoas por meio de encontros que inspiram, motivam e criam uma mentalidade para alcançar a excelência financeira na mente e no bolso.

EXCELÊNCIA FINANCEIRA NO BOLSO E NA MENTE

Excelência no bolso é questão de escolha. Pode parecer algo muito forte, porém você vai entender que a decisão é relativamente fácil. A parte difícil mesmo é ter e manter a perseverança para chegar ao objetivo final. E vai precisar responder a uma pergunta: aonde eu quero chegar?

Todos os conceitos que vou compartilhar são frutos da experiência pessoal, aprendidos desde uma difícil fase de minha vida em que pensava estar educado financeiramente. Experimentei o grande desafio de mudar as coisas; foram centenas de obras lidas, dezenas de cursos feitos e os mais variados exemplos vivenciados na interação com os meus clientes, alunos e amigos. E, claro, todos esses conceitos avaliados com a sólida base da **Metodologia DSOP** e praticados em meus comportamentos com a família. Afinal, somos o que constantemente fazemos.

Dinheiro não aceita desaforo. Deve ser poupado, capitalizado com excelência e foco nos seus sonhos. Talvez você esteja procurando saber o real significado dele. Alguns dizem que dinheiro não traz felicidade, e eu também acredito nisso. Muitas coisas nos deixam felizes sem a necessidade do dinheiro, certo? Mas onde o dinheiro é importante, você não pode negligenciar o seu poder. Dinheiro serve basicamente para lhe dar liberdade financeira, qualidade de vida e aposentadoria sustentável.

Durante alguns minutos, pare e escreva em uma folha de papel como você viveria se pudesse acordar todos os dias ciente de que haveria dinheiro suficiente para cobrir, além das necessidades básicas, os sonhos, os objetivos e as metas. Isso é liberdade financeira. Mas é um sonho que você pode realizar? Será que esse sonho seria realizado por uma pessoa comum? Acredite, esse sonho é para você!

O conceito de independência financeira é possível para todas as pessoas. Trata-se de aumentar a qualidade de vida desenvolvendo um saber financeiro fundamental, que a grande maioria dos brasileiros não aprende na escola, em casa e, muito menos, no trabalho. O dinheiro é apenas uma moeda de troca, que corresponde às horas trabalhadas. E se você não aprender as principais e simples regras, passará a vida inteira colocando a culpa nas pessoas erradas, no governo, no patrão, em seus pais...

VOCÊ DEFINE O TAMANHO DOS PRÓPRIOS SONHOS

Esse é o momento mais importante, em que se deve, verdadeiramente, definir os sonhos. Você é o resultado daquilo que pensa, sente e age. Além disso, tudo o que cria em sua vida começa pelo exercício mais poderoso, o pensamento. O que motiva a pessoa a realizar sonhos começa de forma simples, com o foco implacável em seus objetivos e a combinação entre desejo ardente, fé e persistência para concretizar. Você sabe que uma viagem de mil quilômetros começa com o primeiro passo. A independência financeira é uma jornada em que o primeiro e mais importante passo é saber quais são os sonhos, os objetivos e as metas.

Sonhar é um processo que deve começar com você e por você. Costumo usar uma analogia em meus treinamentos: jogue uma bola muito longe, observe onde ela vai parar e corra até conseguir alcançá-la. Quando começar a criar os seus sonhos, na maioria das vezes, eles serão limitados pelo atual salário ou orçamento financeiro. Esse é um erro grave que vamos corrigir agora, antes que o sonho, tal qual a bola, pareça estar longe demais.

O ser humano, ao olhar para si e conferir suas necessidades básicas, passa a ter visão mais ampla e sabe o que deve comer, beber, como se proteger; e também percebe as necessidades importantes, como amar, se divertir, rir, alegrar-se e estar com outras pessoas. Assim, o dinheiro não é capaz de fazer nada de bom ou de ruim; ele apenas potencializa quem você já é e lhe dá liberdade. Suas decisões sobre como usar o dinheiro farão toda a diferença. Por isso, quando começar a criar seus sonhos, não tenha limites, porém entenda que existem sonhos materiais e não materiais e que a essência do ser humano deve sempre andar com as conquistas materiais.

PRAZO IDEAL PARA REALIZAR OS SONHOS

Imagine que você esteja vivendo sem experimentar como é a aurora e o crepúsculo em uma bela praia. Ou imagine que não consiga realizar uma viagem marcante com a família. Ou ainda que não possa morar na casa dos seus sonhos nem colocar o filho em uma boa escola. É claro que não parece um cenário agradável, correto?

Acredito que você não nasceu apenas para acordar, trabalhar, pagar as contas e reclamar da vida financeira que tem levado. Você tem a vida que merece, e assim sempre será. As suas decisões trouxeram-no até o instante em que este livro está em suas mãos. Mas, daqui para frente, a vida que você merece dependerá da coragem de definir quais sonhos quer verdadeiramente realizar. Está pronto para percorrer essa jornada? Fico muito feliz por ter dito sim. Então, vamos começar.

Escreva a seguir a relação dos sonhos que você deseja realizar. É importante colocar as seguintes informações: quais sonhos, quanto custam, o valor a ser poupado todos os meses e o tempo necessário para realizá-los (curto, médio e longo prazos). Coloque imagens dos seus sonhos e, se for possível, fotografe-se junto a eles. Por exemplo, a casa em que você quer morar. Vá até ela e tire uma foto exatamente da casa que deseja. Se for a compra de um novo carro, faça o mesmo. Com quem você quer realizar esse sonho? Coloque fotos das pessoas que deseja ter ao seu lado quando chegar o momento mágico.

MEU SONHO É	MEU SONHO CUSTA
POUPANÇA MENSAL	TEMPO PARA REALIZAR
FOTOS DOS SONHOS	FOTOS COM QUEM QUERO REALIZAR ESSE SONHO
POR QUE É IMPORTANTE REALIZAR ESSE SONHO?	

Reproduza essa tabela em uma cartolina e deixe-a à vista para que lembre-se sempre de quais são os seus sonhos e os seus motivos para realizá-los.

Tomar a decisão de realizar um sonho não é algo simples, mas entenda que decidir é sempre um desafio, pois você precisa escolher um caminho agora, no presente, tentando enxergar as consequências e os efeitos lá no futuro. E como o futuro ainda não existe, decidir implica abrir mão de algo mais certo no presente e imaginar um cenário de incertezas e riscos, situações que talvez o deixem um pouco inquieto.

– E se eu não viver até lá? Vou gastar, então, todo meu dinheiro agora – costumam argumentar os que não decidem.

Mas e se a pessoa viver até os 100 e passar os últimos 20 anos de sua vida sem dinheiro?

COMO BLINDAR O CÉREBRO EM FAVOR DA LIBERDADE FINANCEIRA

O que você faz assim que recebe o salário? Acredito que tenha respondido: pago as contas. E se foi essa a sua resposta, precisamos rever o conceito. A maior necessidade humana é viver mais e melhor, correto? A riqueza de verdade é o número de dias que você consegue viver realizando sonhos e sem trabalhar. Ou seja, quando você se torna independente financeiramente.

O cérebro trabalha em seu favor 24 horas por dia. Mesmo dormindo, ele cria padrões neurais e faz com que você aprenda. Então, se você ensina os neurônios a pagar contas, assim eles veem o dinheiro em seu bolso. O que acha que o cérebro vai fazer em todos os outros meses? Pagar contas, é óbvio. E como mudar tudo isso?

Nesse momento, vem um conceito muito importante e inovador, que aprendi com Reinaldo Domingos. Refiro-me ao Orçamento Financeiro DSOP. Geralmente, a maioria aprende da seguinte maneira: ganhos − despesas = lucro ou prejuízo. O problema é que, se você fizer desse jeito, nunca terá dinheiro para realizar as coisas mais importantes da vida, os sonhos. Lembre-se de que agora você já sabe quanto precisa para realizar cada um dos sonhos. Logo, é o momento de colocar uma mudança nessa sua fórmula. Veja a diferença:

> **GANHOS − SONHOS − PARCELAS − DESPESAS**
> **=**
> **LUCRO OU PREJUÍZO**

Dessa maneira, você consegue aplicar o fantástico conceito de poupar na origem. Sempre que entrar algum dinheiro na conta, você poupa.

A ENERGIA PARA REALIZAR SONHOS

Muito do que você sabe sobre dinheiro, recursos, investimentos e decisões financeiras faz parte de um conjunto de informações implantadas em seu cérebro, esteja ciente delas ou não. Tudo o que você tem hoje é resultado disso. A saúde física, a relação conjugal e a excelência no bolso derivam do resultado da soma dos pensamentos, sentimentos e ações que criam a energia para gerar esses resultados.

Talvez você tenha seguido um caminho diferente em relação a ganhar, gastar, poupar e investir dinheiro. Isso não significa que o cérebro não tenha acompanhado os planos. Para treiná-lo para atingir a independência financeira, é necessário perceber o que há dentro dele. Você precisa saber, com precisão, como pensa sobre o verdadeiro "eu financeiro" e como será a sua reação se tiver pouco ou muito dinheiro. O ser humano é o único animal que constrói ferramentas, toma decisões de certo ou errado e faz planejamento para o futuro. O cérebro, porém, é treinado para reagir ao medo e para julgar algumas situações como perigosas, mesmo que não o sejam. O grande desafio é saber: o que é ser próspero para você?

A resposta imediata poderia ser um número específico. Por exemplo: 1 milhão de reais ou de dólares. Mas a sua conta bancária, na verdade, representa um montante de quatro tipos de energia.

1. **Energia Humana:** todas as atividades que você desenvolve de forma pessoal e interpessoal;

2. **Energia Intelectual:** todas as atividades que expandem sua mente com base no conhecimento;

3. **Energia Financeira:** como você ganha, administra, economiza e investe seu dinheiro;

4. **Energia Social:** como você usa sua energia de maneira empática para gerar contatos com pessoas.

MELHORE SEU BOLSO E CONQUISTE A LIBERDADE FINANCEIRA

Chegamos ao momento de construir sua liberdade financeira. Se você definiu com propriedade os sonhos, os objetivos e as metas, agora sabe exatamente quanto eles custam. Com atitude de excelência, conseguiu descobrir quanto você gasta em cada centro de despesa do orçamento financeiro, dando prioridade para os sonhos. Conseguiu construir um orçamento e um cérebro blindados que possibilitam viver dentro do seu padrão de vida e criou energia suficiente para ter foco no que importa; afinal, para onde vai seu foco, vai sua força, e a distração, em outra análise, pode destruí-lo.

Pensemos, então, em multiplicar o dinheiro, capitalizar e usar os juros compostos a seu favor. Você deve estar pensando: "Que maravilha, não via a hora de chegar esse conteúdo". Acredito que já tenha percebido algo: para ter liberdade financeira, é preciso seguir todos os passos anteriores e manter o foco no padrão de vida abaixo do que você ganha. Esta é a verdadeira filosofia da prosperidade: viver com menos do que ganha e, para criar uma renda passiva, investir a diferença de forma inteligente. Parece fácil, não parece?

A liberdade financeira está relacionada a ter uma renda passiva mensal e vitalícia que seja capaz de atender a todas as despesas mensais, de realizar os sonhos e de dar segurança para você e sua família. Apenas o exercício de poupar não vai levá-lo até a liberdade financeira. Você precisa aprender como obter mais resultados, multiplicar o dinheiro por meio de investimentos que sejam inteligentes e tenham a ver com seu perfil, sonhos, objetivos e metas.

Muitas pessoas passam uma vida poupando e, às vezes, não conseguem a tão sonhada independência financeira, a liberdade financeira e a aposentadoria sustentável; nem sabem, na verdade, o que fizeram de errado. Então, antes de continuar, quero explicar um pouco da diferença entre poupança e investimento. O ato de poupar significa guardar dinheiro. Investir é multiplicar dinheiro. O grande desafio da caderneta de poupança é que, geralmente, ela não supera a inflação. Por isso, deve ser usada apenas para reservas de emergência e, às vezes, com o objetivo de criar o hábito mais difícil entre os brasileiros: poupar.

QUAL É, ENTÃO, O MELHOR INVESTIMENTO?

De forma generalizada, não existe o melhor investimento. O que há é o melhor investimento para você. Se eu lhe contasse que existe um investimento capaz de pagar 10% ao mês, você toparia inserir nele todo o seu dinheiro? Antes de saber sobre o investimento, é preciso conhecer o seu perfil de investidor. Será que você é uma pessoa conservadora, moderada, dinâmica, arrojada ou agressiva? Além disso, é importante saber como se comportará caso aconteça algo com seus investimentos.

- Em caso de emergência, você possui reservas equivalentes a pelo menos seis meses de despesas mensais?

- Em uma situação hipotética, após 12 meses, suas aplicações acumularam uma desvalorização de 10%. Como você reagiria? Resgataria o que restou, para amenizar o prejuízo, ou insistiria, apostando na recuperação?

- Como descreveria sua experiência e seu conhecimento com o mercado financeiro?

O primeiro e melhor investimento que você deve fazer, o mais inteligente, o que dá um retorno centenas de vezes acima do valor investido, é o que prioriza você – seja na educação financeira, seja nos cursos de investimento – e está de acordo com seu perfil e com os ativos que vai escolher para atingir a liberdade financeira.

Eis os três pilares que se destacam entre os investidores de sucesso:

1. Conhecer-se para saber o que deve ou não fazer;

2. Conhecer produtos financeiros e escolher um ou mais de forma consciente, segundo o seu perfil, a fim de evitar erros;

3. Ter atitude de investidor, traçar metas, segui-las e corrigir o curso quando necessário.

Investir em conhecimento e em desenvolvimento pessoal é a decisão mais lucrativa que existe. Imagine que aproximadamente R$ 30,00 é o bastante para comprar um livro com a história e a aprendizagem do autor que investiu décadas em busca das informações que encurtarão sua aprendizagem.

Participar de uma palestra, um curso, um treinamento ou um seminário pode até lhe custar um valor de investimento, mas lhe dará um retorno infinitamente maior do que o valor investido. O grande desafio é que as pessoas, ou a maioria delas, não entendem isso e não fazem investimento em educação financeira. Diferentemente de você, que está lendo este livro; e tenho certeza de que terá um retorno muito maior do que o valor investido.

O PRINCÍPIO DO PODER DO DINHEIRO E A FILOSOFIA DA PROSPERIDADE

Escolher o melhor investimento, como Tesouro Direto, certificado de depósito bancário (CDB), ações, fundos, imóveis, previdência privada e certificado de operações estruturadas, não é o grande problema.

Na internet, por exemplo, você encontra centenas de vídeos e cursos que ensinam como fazer esses investimentos de forma segura e simples. Recomendo que você confira o meu canal no Youtube, intitulado *Excelência no Bolso* (https://www.youtube.com/excelencianobolso).

O princípio do poder do dinheiro traz uma filosofia: a prosperidade não depende de quanto você ganha e, por ser simples e inteligente, funciona para todas as pessoas do planeta.

Se você parar agora de trabalhar, provavelmente vai parar de ganhar dinheiro, certo? O objetivo é tirar você da equação de trabalhar pelo dinheiro e fazer o dinheiro trabalhar para você. Vamos construir uma máquina de dinheiro para trabalhar em seu lugar e configurá-la para produzir dinheiro enquanto você dorme. Esse dinheiro será suficiente para lhe dar liberdade financeira.

A construção dessa máquina começa quando você tomar a decisão mais importante de sua vida: separar parte dos ganhos (salário, pró-labore, entre outros) antes de gastar. Você se lembra do princípio do Orçamento Financeiro DSOP? Poupar na origem, isso mesmo. Assim que receber qualquer valor, poupe uma parte para começar a construir sua máquina de fazer dinheiro. Minha sugestão é que comece com 10% do salário.

Você pode pensar em um outro número, mas quero que realmente tome essa decisão, pois o restante da sua vida será influenciado pelo percentual que decidiu poupar, investir e multiplicar. Se você conseguir preservar 10% do salário, esse valor vai levá-lo à liberdade financeira. O objetivo desse princípio é simples: fazer o dinheiro trabalhar para você por meio do poder inigualável dos juros compostos. Essa é a grande sacada que, embora seja tão simples, inteligente e antiga, muitas pessoas não conseguem observar.

Acredite, todos nós podemos encontrar uma maneira de fazer renda extra se realmente estivermos comprometidos com os sonhos. E posso dizer que o segredo é muito simples. Você precisa do ato de poupar e economizar a todo momento, o que, com o tempo, se tornará algo automático em sua vida.

Agora é a sua vez. Se você realmente quiser ter excelentes resultados em educação financeira, transforme algo em hábito; envolva e desafie a mente por inteiro. Cérebro preguiçoso provavelmente não estará preparado quando mais precisar dele. E quanto mais usar o cérebro, mais afiado ele estará para obedecer. Por isso, pessoas que desejam a independência financeira passam a maior parte do tempo livre fazendo algo que aumente sua riqueza ou estudando maneiras de aumentá-la. Em outras palavras, elas se comprometem com os sonhos que planejaram e conseguem um meio para chegar lá, pois são motivadas, concentradas e trabalhadoras.

Enxergou-se na descrição? Se a resposta for afirmativa, o título que escolhi, "excelência financeira no bolso e na mente", já faz parte de sua vida. Faça contato e vamos trabalhar juntos para que você e a sua empresa alcancem tamanha excelência!

"Para fazer escolhas e praticar o consumo consciente quando chegar à fase adulta, é necessário que a criança tenha a experimentação e o treino para o uso correto do dinheiro que passa pelas mãos dela, visto que ainda não tem um salário."

Ana Rosa Vilches

ANA ROSA VILCHES

Sou diretora pedagógica, de negócios e de projetos especiais da DSOP Educação Financeira, além de diretora administrativa da ABEFIN e coordenadora pedagógica dos cursos de pós--graduação em Educação Financeira-Metodologia DSOP da UNOESTE. Mestranda do Programa Internacional de Educação Financeira da FCU (*Florida Christian University*), sou especialista em gestão em educação financeira pelo ISCAP (Instituto Superior de Contabilidade e Administração do Porto-Portugal) e especialista em coordenação pedagógica pela PUC-SP.

Atuo como consultora no Brasil do Programa de Empoderamento Financeiro da Vila Sésamo 2014-2018, responsável pelo programa Sonhar, Planejar, Alcançar: Fortalecimento Financeiro das Famílias, uma iniciativa da Vila Sésamo e da MetLife, entre 2014 e 2018. Autora do Plano Estadual de Educação Empreendedora do estado de São Paulo, trabalhei na rede pública e privada de ensino por 30 anos, desenvolvendo e coordenando projetos e ministrando aulas. Sou educadora financeira.

A MESADA NA VIDA DA CRIANÇA GARANTIRÁ A SUSTENTABILIDADE FINANCEIRA DO ADULTO

Ao analisar a história da economia em nosso país, é válido concluir que jamais dedicamos atenção e cuidado à administração dos próprios recursos, sejam eles financeiros ou não. O tempo perdido resultou na necessidade de aprendermos a tomar decisões conscientes quanto ao planejamento financeiro, tanto historicamente como do ponto de vista contemporâneo, as decisões que são pautadas somente pelo presente, ou seja, sem o saudável hábito do planejamento financeiro - são minimamente assertivas. O planejamento financeiro é um elemento-chave para o futuro próspero dos cidadãos, bem como o desenvolvimento da nossa sociedade.

É importante entender que cada pessoa deve se responsabilizar pelo próprio futuro, sem depender somente do governo, pois, uma vez alfabetizada financeiramente, até colabora, de maneira indireta, para a administração das contas da nação. Levar ao conhecimento de todos uma forma de ensinar mudanças comportamentais – capazes de multiplicar habilidades pessoais e contribuir para o amadurecimento da população em relação ao consumo, aos valores e ao dinheiro, portanto – passa a ser urgente. Este é o momento, e o futuro depende das escolhas de inovação adotadas imediatamente.

Como educadora e diretora pedagógica de uma das maiores empresas de educação financeira do país, cujo presidente é mentor da **Metodologia DSOP**, exclusiva no mundo, pude analisar os questionamentos dos responsáveis e das educadoras sobre o tema referente ao trabalho com os alunos e verifiquei que as crianças, assim como os pais e avós, não tiveram contato com a temática. Surge aí uma questão importante: o que é educação financeira? Para muitos, diz respeito aos números e cálculos, conteúdo matemático apenas. Pelo tempo que dedico à educação financeira, entendi que a forma como lidamos com o dinheiro está ligada aos hábitos adquiridos na infância.

*"**Educação financeira** é uma **ciência humana** que busca a **autonomia financeira**, fundamentada por uma **metodologia** baseada no **comportamento**, objetivando a construção de um novo **modelo mental** que promova a **sustentabilidade**, crie **hábitos saudáveis** e proporcione o **equilíbrio** entre o **SER**, o **FAZER** e o **TER**, com **escolhas conscientes** para a **realização de sonhos**"*, é o que diz o PhD em educação financeira, Reinaldo Domingos.

A educação financeira é uma ciência que leva à reflexão de como devemos utilizar nossos recursos para realizar propósitos e sonhos com sustentabilidade. A certeza de que podemos criar e construir uma nova geração de famílias saudáveis e financeiramente sustentáveis é tangível. Eis a receita que a resume:

Um adulto financeiramente educado valoriza o próprio dinheiro e tem a vida financeira livre de dois vilões: consumismo e juros.

Com a abertura das linhas de crédito por todo o território nacional, reforçada por grandes campanhas publicitárias, vemos que "comprar" tornou-se a palavra mais proferida por pessoas de todas as idades e sua ação, a mais realizada. Esse comportamento de compra, observado e vivenciado desde os primeiros anos de idade, leva, já nos primeiros anos de trabalho, grande parte dos jovens se torna inadimplente.

E o questionamento assombra o estado de espírito... Como mudar esse cenário? Levando a educação financeira aos que estão sentados nos bancos escolares. Será que essa nobre ação é suficiente? É claro que não o é. Quanto antes a criança tiver o modelo mental estabelecido referente ao consumo, mais rapidamente haverá pessoas saudáveis financeiramente.

E, então, outra questão se faz valer:

Como educar financeiramente as crianças se elas não têm dinheiro para aprender a administrar? A aprendizagem significativa pressupõe dois requisitos para o sucesso:

1. O material de aprendizagem deve ser potencialmente relevante ao educando;

2. O educando precisa sentir vontade de relacionar, de maneira integradora, o novo conteúdo à sua estrutura de pensamento. Para isso, todas as pessoas que fazem parte do universo desse ser em formação precisam se envolver no processo e lhe apresentar atividades vivenciais.

Para fazer escolhas e praticar o consumo consciente quando chegar à fase adulta, é necessário que a criança tenha a experimentação e o treino para o uso correto do dinheiro que passa pelas mãos dela, visto que ainda não tem um salário.

A FORMAÇÃO DE CONCEITOS

Fundamentalmente, a formação de conceito consiste em fazer com que os indivíduos passem pelas seguintes etapas: atividade, observação, experimentação e reflexões. A assimilação de um novo conceito envolve, de maneira mais profunda, a relação entre as principais ideias estabelecidas na estrutura cognitiva do educando e o conteúdo potencialmente significativo. Durante a fase infantil, o ser humano adquire conceitos, principalmente, ao observar o mundo que o rodeia. Porém, ao atingir idade escolar, a maioria das pessoas já possui um conjunto de conceitos adequados para a ocorrência da aprendizagem.

Precisamos de objetivos claros para que os conceitos referentes ao aprendizado da educação financeira sejam assimilados. Assim, o modelo mental que visa tratar o dinheiro como recurso para levar até a saúde financeira será naturalmente instalado.

Eis alguns exemplos.

- Fazer a criança aprender a lidar com pequenos valores;

- Ensinar à criança o valor do dinheiro e mostrar que os desejos têm um preço e um tempo para serem realizados;

- Possibilitar que ocorra o erro e, por meio dele, o aprendizado se instaure;

- Entender que as escolhas precisam ser muito bem pensadas, pois causam impacto, de forma positiva ou negativa, em todos que estejam ao seu redor.

É um grande desafio para famílias e instituições escolares. Tal grandeza, no entanto, deve ser vista como fator motivacional, porque, uma vez superado, resultará em um futuro saudável e sustentável. Por tudo isso, a prática da mesada é uma excelente ferramenta para ensinar, de forma lúdica e vivencial, a educação financeira.

Há de surgir uma pergunta: dar mesada para uma criança que sequer conhece os números e os valores do dinheiro é mesmo uma excelente ferramenta? Antes de respondermos a ela, em primeiro lugar, precisamos conhecer um pouco mais sobre o que se entende por mesada.

Se partirmos do mero conceito que consta no dicionário e que todos nós conhecemos, não podemos adotar a prática com a criança de idade inferior aos sete anos, visto que ela não conhece números e valores. Então, como fazer?

> *"Mesada é a entrega de uma quantia em dinheiro que uma pessoa doa para outra."*
>
> PhD Reinaldo Domingos

Assim, o termo "quantia" não se refere necessariamente ao resultado de valores periódicos entregues de forma sistematizada (semanal ou mensal), mas são cogitadas maneiras diversas de obtenção de valores que farão parte desse rendimento, definido como mesada. Para ilustrar, relaciono os oito tipos de mesada identificados pelo autor Reinaldo Domingos.

1. MESADA VOLUNTÁRIA

É aquele dinheiro que os pais ou responsáveis costumam dar para as crianças de forma aleatória, quando o solicitam para comprar um doce ou um pequeno objeto de desejo. Nesse momento, começam a ser estabelecidos os primeiros contatos com o dinheiro e, consequentemente, com o consumo.

2. MESADA FINANCEIRA

São valores estabelecidos pelos pais ou responsáveis com o objetivo de ensinar a administrar o dinheiro. Indica-se a periodicidade mensal. Deve ser implantada a partir de sete anos de idade.

3. MESADA DE TERCEIROS

Um dinheiro que a criança recebe de familiares, pais ou amigos. Esse presente pode ser validado em datas comemorativas.

4. MESADA ECONÔMICA

Baseia-se na prática de economizar o máximo possível em recursos como água, energia e alimentos, cuja diferença na diminuição do consumo será dada à criança em dinheiro, compondo, assim, parte de sua mesada ou, em alguns casos, a própria mesada.

5. MESADA EMPREENDEDORA

Nasce do desejo de ganhar o próprio dinheiro, como fruto daquilo que sabe fazer de melhor, de sua capacidade de criar algo que interesse aos outros.

6. MESADA ECOLÓGICA

Apresentam-se os objetos considerados descartáveis ou resíduos que têm valor, como embalagens e papéis usados, e mostra-se que a venda pode ser revertida em valores agregáveis à mesada.

7. MESADA DE TROCA

É um benefício originado da atividade de escambo. Os valores não gastos em coisas novas (como livros e brinquedos), que por sua vez são adquiridas por meio da troca, poderão ser revertidos e também fazer parte da mesada.

8. MESADA SOCIAL

Ocorre quando, em vez de gastar valores em passeios ou lugares onde o consumo impera, apresenta-se a opção de visitar ambientes em que não há necessidade de gastar dinheiro, como parques, lugares gratuitos ou até atividades realizadas dentro de casa. Visa também mostrar que o importante é com quem se está, fortalecendo as relações sociais.

Fonte: DOMINGOS, Reinaldo. *Mesada não é só dinheiro: conheça os 8 tipos e construa um novo futuro*, Editora DSOP, São Paulo, 2015.

Agora, elucidado o conceito apresentado, leitor, você pode se perguntar: em que interfere a prática desses tipos de mesada na vida adulta? Vamos entender um pouco mais sobre como se processa a construção da inteligência financeira.

Para o pensador Jean Piaget (1896-1980), a construção da inteligência e do modelo mental acontece em etapas sucessivas com complexidades crescentes, encadeadas umas às outras, chamadas por ele de construtivismo sequencial. Com isso, é preciso respeitar as etapas de desenvolvimento humano e trabalhar cada uma delas de forma a fazer com que conceitos corretos sejam passados e vivenciados para estruturar essa construção. A seguir, pretendo abordar, na prática, os tipos de mesada e sua aplicabilidade em cada estágio da vida.

ETAPA SENSÓRIO-MOTORA
(DO NASCIMENTO AOS DOIS ANOS)

Nessa fase, a criança inicia a percepção das coisas e de si. Os movimentos, aos poucos, são descobertos juntamente com a capacidade de superá-los. A linguagem vai se formando pela observação da fala do outro. E, por fim, ela repete as sílabas até alcançar as frases.

ECONÔMICA	Iniciará a construção ao observar os adultos em ações como apagar a luz, fechar a torneira, comer tudo o que está no prato.
TERCEIROS	Dar a ela três cofrinhos de tamanhos diferentes para os desejos de curto, médio e longo prazos, e ensinar que deve guardar sempre uma parte do que ganhar das moedas recebidas dos pais, avós, tios etc.
VOLUNTÁRIA	Começará a entender que, para ter o que deseja, precisa de dinheiro; assim, quando a criança solicitar dinheiro, o ideal é sempre entregar duas ou mais moedas para que ela guarde parte delas.
TROCA	Trocar brinquedos com irmãos, primos e amigos e inserir algumas moedas no cofrinho, simbolizando o valor não gasto.
ECOLÓGICA	Solicitar que a criança auxilie na separação de resíduos (plásticos, vidros, latas, papéis) e que ela esteja junto quando os itens forem vendidos. O valor arrecadado deve ser colocado na composição da mesada.

SIMBÓLICO
(DOS DOIS AOS QUATRO ANOS)

A criança cria imagens mentais. É o período da fantasia, em que os super-heróis ganham vida e fazem parte de suas ações. A habilidade que mais se manifesta é a criatividade. Por isso, a fase é ideal para mostrar a diferença entre necessidade e desejos (sonhos), ressaltando que os sonhos exigem mais tempo para serem realizados.

ECONÔMICA	Explicar que, se o consumo de recursos como energia, água e alimentos for reduzido, é possível que uma parte dos valores, antes utilizada para o pagamento desses excessos, possa ser destinada aos cofrinhos.
TERCEIROS	Explicar que, ao receber valores dos tios, avós ou padrinhos, deve guardar uma parte nos cofrinhos.
VOLUNTÁRIA	Os desejos são maiores, porém, sem a noção do preço, a criança acaba dando um valor enorme para as coisas das quais gosta, independentemente de quanto custam. Solicitará valores mais altos do que na etapa anterior. Momento oportuno para impor limites e dizer não.
TROCA	Devem ser orientadas por um adulto, pois a criança não tem noção do valor do dinheiro e faz trocas de objetos caros por outros de preço insignificante. Entende que, quanto maior a quantidade de moedas ou cédulas, maior é o valor.
ECOLÓGICA	Consegue entender o que pode ser reciclado (vendido) e o que não pode. Será uma fiscal do "lixo", sabendo que o resultado da venda fará parte da mesada.

Levar a criança à fantasia é uma boa forma de fazer com que ela entenda e pratique os ensinamentos. Nomear os personagens e criar histórias em cada um dos tipos de mesada seria fantástico para que o conceito fosse entendido.

INTUITIVO
(DOS QUATRO AOS SETE ANOS)

Por quê? Por quê? Por quê? É a pergunta que as crianças mais fazem nessa idade, pois anseiam saber como funcionam e por que acontecem alguns fenômenos. Já conseguem distinguir a realidade da fantasia.

ECONÔMICA	Começará a indagar por que deve apagar as luzes, diminuir o tempo no banho etc. Nesse momento, os sonhos ficam mais claros, e pode-se intensificar a alegação de que realizar sonhos requer também poupar recursos.
TERCEIROS	Começará a comparar valores que tios ou avós doaram e questionará o porquê de guardar sempre uma parte. Criará estratégias para ganhar mais valores desses parentes.
VOLUNTÁRIA	Inicia-se a solicitação de maiores quantias em dinheiro, e "só isso" passa a ser um questionamento. Nesse momento, se a criança já tiver sete anos, deve-se implantar a mesada financeira.
TROCA	Começa a entender que há coisas mais baratas e outras mais caras. A partir disso, valoriza muito o que tem para trocar.
ECOLÓGICA	Já entende que os resíduos podem contribuir muito para o aumento dos valores da mesada.

OPERATÓRIO CONCRETO
(DOS SETE AOS ONZE ANOS)

Compreende regras e, devido ao amadurecimento cerebral, passa a trabalhar com o raciocínio lógico-matemático. Valoriza o aspecto social e adora estar em grupo.

ECONÔMICA	Ao entender que existem regras e que, para conquistar algo, é necessário agir de uma maneira mais econômica, a criança fará tudo o que for preciso para conquistar o valor da mesada. Faz os cálculos de quanto e em quanto tempo terá de economizar para alcançar o que deseja.
TERCEIROS	Entende o valor das cédulas e das moedas. A quantia anteriormente aceita com toda alegria se intensifica e alcança o desejo de "querer mais". De acordo com os sonhos, guardará mais. Os pais e os responsáveis devem ficar atentos para que a criança não passe a poupar 100% de tudo o que ganha. Se ela agir assim, deixará de fazê-lo de uma maneira sadia. Não queremos formar pessoas "pão duras" ou "tio patinhas".
VOLUNTÁRIA	Começa a solicitar valores com maior frequência e não se satisfaz com poucos valores. Momento de trocar a voluntária pela financeira.
FINANCEIRA	Por um mês, deve-se marcar todos os valores doados e, assim, estabelecer o valor da mesada financeira, sendo que 50% dela deve ser guardado para os sonhos. O valor estabelecido deve ser dado uma vez ao mês, fazendo com que a criança entenda que precisa administrar o dinheiro durante esse período.
TROCA	Já se organiza para realizar as trocas e sabe identificar quanto custa cada objeto e pelo que deveria ou não ser trocado. Torna-se mais criteriosa na troca.

ECOLÓGICA	Intensifica o olhar para o que pode ser reciclado. Além disso, enxerga o valor do que pode ser acrescido à mesada.
SOCIAL	Nessa idade, os amigos são muito valorizados, e a criança gosta muito de receber uma mesada, pois isso possibilita uma maior interação com o grupo ao qual pertence.
EMPREENDEDORA	Inicia a percepção de suas habilidades referentes ao setor. Pode iniciar a própria confecção para vender e, assim, aumentar a mesada. Ensinar que os valores obtidos por meio da venda precisam gerar lucro e ser divididos em três partes – uma para guardar, outra para gastar e o restante para comprar mais matéria-prima e continuar empreendendo.

OPERATÓRIO ABSTRATO
(APÓS OS ONZE ANOS)

O pensamento é o hipotético-dedutivo. O concreto deixa espaço para o planejamento e a visão de futuro, em que as estratégias para alcançar os sonhos se tornam muito mais presentes.

ECONÔMICA	O jovem entende que a mesada econômica tem feito bem para a realização de seus sonhos e para o planeta e passa a intensificar essa ação.
TERCEIROS	Valoriza o dinheiro dado pelos parentes como uma forma de carinho e de amor e não se importa mais com a quantia recebida, mas, sim, com o significado daquele gesto.
FINANCEIRA	Considera a mesada mais importante e sente-se no poder com o valor acumulado. Ou pode tornar-se um "gastão", pagando tudo para os amigos em uma tentativa de ser valorizado. Muita atenção nesse momento com a forma com que o jovem gasta o dinheiro. Deverá ser ensinada a importância de guardar uma parte para o futuro mais distante, para o sonho de longo prazo, não esquecendo dos demais de curto e médio prazos.
TROCA	As trocas diminuem em função da procura por "status" e da afirmação pessoal. Os jovens sentem-se envergonhados em trocar objetos.
ECOLÓGICA	Valoriza a prática e pode organizar projetos, envolvendo amigos na realização da mesada ecológica.

SOCIAL	Ocorrerá se os amigos "toparem". Caso contrário, não substituirá o passeio em que se consome por ela.
EMPREENDEDORA	Vê nesse tipo de mesada a maravilhosa forma de implementar um negócio para o futuro.

Ao entender como e quais os tipos de mesada se encaixam em cada faixa etária, devem ser apresentados os motivos que fariam a criança, desde os seus primeiros anos de idade, vivenciá-los e se interessar por eles. Nada disso teria sentido se, com a prática, não houvesse uma metodologia para ensiná-la, desde a mais tenra idade, a usar de forma consciente o dinheiro proveniente desses tipos de mesada. Encaixa-se aqui a **Metodologia DSOP** (Diagnosticar, Sonhar, Orçar e Poupar).

DIAGNOSTICAR

Ensina a observar detalhadamente tudo o que está à sua volta, para possibilitar escolhas conscientes no presente e tomada de decisões no futuro, de forma saudável e sustentável financeiramente.

SONHAR

Representa o desejo, que pode ser necessário ou não, para a família ou a comunidade. Pela metodologia, o ideal é que uma pessoa tenha sempre três sonhos: um de curto, um de médio e um de longo prazos.

> **Prazos para a realização dos sonhos para uma criança:**
>
> CURTO PRAZO: até três meses;
>
> MÉDIO PRAZO: até seis meses;
>
> LONGO PRAZO: acima de 6 meses.

Fonte: DOMINGOS, Reinaldo. Mesada não é só dinheiro: conheça os 8 tipos e construa um novo futuro, Editora DSOP, São Paulo, 2015.

> **Prazos para a realização dos sonhos para um adulto:**
>
> CURTO PRAZO: até um ano;
>
> MÉDIO PRAZO: até dez anos;
>
> LONGO PRAZO: acima de dez anos.

ORÇAR

No Orçamento Financeiro DSOP, a preocupação é a de mostrar à criança que precisa ser avaliado se os desejos e sonhos estão de acordo com os valores que possui. Com isso, a criança entenderá seus limites, diminuirá a ansiedade e aprenderá que há sonhos de tamanhos e tempos diferentes.

POUPAR

Bem diferente do que muitas pessoas ensinam, poupar não é apenas reter valores: também é trocar, compartilhar, comprar à vista e doar. Os valores que seriam gastos nos objetos compartilhados, trocados ou doados são direcionados para a realização dos sonhos. Com esse aprendizado, a criança entende a importância de cuidar de seus pertences, pois, quando bem tratados, possibilitarão que os sonhos sejam alcançados em menor tempo.

A PRÁTICA EM SI

Quando são levados em consideração os oito tipos de mesada na infância, a administração do dinheiro, já na fase adulta, será completamente diferente. Vejamos...

MESADA VOLUNTÁRIA

Fará com que o adulto valorize as pequenas quantias em dinheiro, ignoradas pela maior parte das outras pessoas;

MESADA DE TERCEIROS

Ao receber 13° salário, férias e prêmios, saberá como direcioná-los ao consumo consciente e à realização dos sonhos;

MESADA ECOLÓGICA

Saberá usar a prática da sustentabilidade na utilização dos recursos naturais e dos vários tipos de materiais, diminuindo o desperdício;

MESADA EMPREENDEDORA

Empreenderá em sua profissão, olhando muito além do trabalho que lhe foi apresentado, vendo a transformação das oportunidades em realizações;

MESADA ECONÔMICA

Terá cuidado com os recursos disponíveis, gastando apenas o estritamente necessário;

MESADA SOCIAL

Dará mais valor ao exercício de SER do que ao consumismo para TER;

MESADA DE TROCA

Terá a disponibilidade de trocar objetos que não são mais úteis por outros mais necessários que seus amigos ou parentes possuem, evitando compras. Alcançará, assim, a essência genuína do desapego;

MESADA FINANCEIRA

Saberá administrar o salário desde o primeiro recebimento, tornando-se, desde a tenra idade, investidor de seus sonhos.

Com a prática da mesada, a criança aprende princípios como limite, responsabilidade, planejamento e consumo consciente. A mesada permite vivenciar situações econômicas nas quais o erro será motivo de aprendizado sem muito prejuízo, o que na idade adulta pode levar ao caos da inadimplência. A mesada proporciona a sensação de liberdade e o desenvolvimento da habilidade de tomada de decisão em relação ao dinheiro. Com os conceitos apresentados, fica evidente que o fato de a criança ter dinheiro sem saber como utilizá-lo poderá resultar em futuros graves problemas.

É preciso educá-la financeiramente, explicando-lhe a importância de administrar bem os recursos. Com a implementação da mesada, esses ensinamentos contribuirão de forma decisiva para a construção de um modelo mental em que hábitos e costumes referentes ao dinheiro vão gerar um comportamento adequado para que as famílias se eduquem financeiramente. Por efeito, cada componente da família é conduzido a realizar sonhos.

A mesada deve ser uma ferramenta na aprendizagem financeira e não deve, jamais, ser usada para outros fins, como prêmio para o desempenho escolar, punição pelos comportamentos ruins ou recompensa por trabalhos domésticos. Tampouco deve ser tratada como algo sem importância, permitindo, por exemplo, empréstimo dos valores reservados.

Todas as experiências vivenciadas são aprendizados que caracterizam a formação do ser humano, desde o nascimento até a idade adulta. Com isso, tudo o que vimos, ouvimos, praticamos e sentimos fortalece os nossos comportamentos, sejam eles positivos ou não. Os argumentos embasados na **Metodologia DSOP** mostram como o título proposto é importante, pois todo adulto saudável e financeiramente sustentável faz parte de uma geração que tem o dinheiro como meio para a realização dos sonhos.

Ao praticar formas diferenciadas de administrar os recursos disponíveis no ambiente, sejam eles financeiros ou não, o aprendizado torna-se significativo, as habilidades são desenvolvidas e as competências necessárias para a formação integral do Ser são formadas.

Ser independente financeiramente é um estado de equilíbrio entre a utilização dos recursos acumulados e o comportamento adequado de consumo desses recursos. A prática da mesada levará ao aprendizado para que o equilíbrio seja praticado.

Educar financeiramente o SER é fazê-lo vivenciar, em todas as fases da vida de forma prazerosa, as práticas de aquisição do dinheiro, chamada de mesada.

EDILSON MENEZES

É consultor literário e idealizador da Revisão Artística, metodologia premiada que tem revolucionado o conteúdo das obras.

POSFÁCIO

"...os autores abriram o coração para demonstrar argumentos, lições, insucessos temporários, dores, histórias, inspirações, personagens e vitórias definitivas."

Há anos, dedico-me a lapidar textos dotados de força para transformar o mundo. Embora tenha lidado com muitas temáticas inusitadas, desta vez fiquei surpreso. As lições compartilhadas não propõem a reinvenção da roda, tampouco ambicionam elevar os autores a um status de superioridade.

Diferentemente disso, somam soluções e características interessantes:

- Simples, mas nada fáceis. Exigem disciplina, mudança de padrões e quebra de crenças que talvez estejam enraizadas desde a infância;

- Factíveis, desde que se queira mesmo realizar os próprios sonhos e ver a família alcançar os sonhos coletivos;

- Transformadoras, pois os autores, sem exceção, clarificam que a escolha financeira pessoal e a escolha educacional-financeira que concedemos aos filhos e netos, repercutirão nas gerações vindouras.

O Brasil, que até pouco tempo caminhava às margens de outras nações sobre o tema da educação financeira, conheceu o poder dos sonhos que a **Metodologia DSOP** ofereceu e, agora, tem a chance de receber dos educadores financeiros DSOP um teor transformacional marcado pela verdade.

Usei o termo "verdade" porque, em vez de belas teorias que se encaixariam bem em um livro ou treinamento, os autores abriram o coração para demonstrar argumentos, lições, insucessos temporários, dores, histórias, inspirações, personagens e vitórias definitivas.

Você acaba de apreciar uma obra diferente. Contrariando a regra geral dos livros que se propõem a investigar a temática das finanças, a obra não é recheada de gráficos, tabelas e indicadores. A entrega lúdica dos autores passou pelo desnudar da intimidade em família, pela revelação de momentos difíceis e, principalmente, por algo que cada um deles fez: convencer por empatia. Afinal, para que a educação financeira seja ensinada, é desejável que se tenha pesquisado, vivido ou sofrido, em algum momento, os efeitos da deseducação, seja na própria vida, seja em contato com o sofrimento dos pares.

Os coautores se juntaram para defender a prosperidade e o alcance dos seus sonhos. Tenho certeza de que eles ficarão felizes se você, leitor, se propor a praticar, ao seu estilo, a inspiração que lhe foi presenteada em cada página.

Quando ficar difícil, eis a dica das dicas: eduque-se financeiramente por você, mas pense na família e nas pessoas que se inspiram em você. No fim, tal qual os autores da obra fizeram, você vai ajudar a transformar o mundo.

ABEFIN
Associação Brasileira de Educadores Financeiros

editora dsop